“船舶与海洋工程装备数字化设计”丛书

U0868808

船舶数字化设计工程管理

陈　宁　陈代芬　张金钊
吴炅东　于　俊　马彦军　著

哈爾濱工程大學出版社
Harbin Engineering University Press

内容简介

随着我国工业领域数字化和信息化融合技术的发展，代表我国先进制造业的船舶工业也已全面实现了数字化设计，正在向代表制造技术的最高阶段由信息化引导的制造智能化技术发展。

本书以数字化和信息化融合为引导，结合我国船舶工业自主数字化设计软件“东欣SPD”系统的系统应用，从工程管理的角度，就该软件的系统环境架构、服务器端数据存储、客户端安装、工程管理、数据的复制与备份、文件解锁、文件下载、日志管理、清除图册密码、索引文件整理、索引文件诊断、索引文件管理、工程管理、权限管理等进行系统结构的分析与介绍，使用户了解和掌握大型工业数字化设计软件的开发与使用方法。

本书的主要读者是从事船舶数字化设计的工程技术人员，高等院校船舶与海洋工程相关专业的本、专科学生及从事大型数字化设计系统开发的科学技术人员和软件工程师。

图书在版编目（CIP）数据

船舶数字化设计工程管理 / 陈宁等著. -- 哈尔滨 : 哈尔滨工程大学出版社, 2025. 2. -- ISBN 978-7-5661-4719-6

Ⅰ. U662

中国国家版本馆 CIP 数据核字第 20258R5X90 号

船舶数字化设计工程管理

CHUANBO SHUZIHUA SHEJI GONGCHENG GUANLI

选题策划 史大伟
责任编辑 丁月华
封面设计 李海波

出版发行 哈尔滨工程大学出版社
社　　址 哈尔滨市南岗区南通大街 145 号
邮政编码 150001
电　　话 0451-82519989
经　　销 新华书店
印　　刷 哈尔滨午阳印刷有限公司
开　　本 787 mm×1 092 mm　1/16
印　　张 8.5
字　　数 215 千字
版　　次 2025 年 2 月第 1 版
印　　次 2025 年 2 月第 1 次印刷
书　　号 ISBN 978-7-5661-4719-6
定　　价 47.00 元

http://www.hrbeupress.com
E-mail:heupress@hrbeu.edu.cn

“船舶与海洋工程装备数字化设计”

丛书编委会

前　言

船舶及海工装备的数字化设计是实现船舶工业领域数字化和信息化融合的技术基础。经过多年的发展，我国已成为全球首屈一指的造船大国，每年的接单与交船总量均位于主要造船大国的首位。全行业大踏步发展，已基本实现全面的数字化设计，正朝着由信息化引导的智能制造的方向稳步发展。

《船舶数字化设计工程管理》是从设计管理的视角，对大型的工业并行设计软件的工程管理方法、手段加以描述与介绍，通过对具有我国自主知识产权的大型船舶数字化设计软件——SPD 系统的环境架构、服务器端数据存储、客户端安装、文件解锁、工程管理、数据的复制与备份、文件下载、日志管理、清除图册密码、索引文件整理、索引文件诊断、索引文件管理、工程管理、权限管理等进行介绍，使学生掌握大型工业数字化设计软件开发与使用方法。

本书在撰写过程中得到了沪东中华造船有限公司计算中心——上海东欣软件工程有限公司的大力支持与参与，同时获得了国内造船同行以及业界最大的网络论坛“龙 de 船人”的大力支持，在此一并感谢。

本书涉及的船舶数字化设计过程管理领域的技术面较广，有不足之处在所难免，希望能得到读者的批评与指正。

著　者

2024 年 7 月

目　　录

第1章　概　　述

船舶数字化设计系统是建立在企业信息化工程基础上的，它是企业价值链的基础，决定着企业产品全生命周期内的信息流、物流和资金流的统一，如图1.1所示。从图中可以看出，产品的数字化设计带动了企业的制造计划信息流，由此带动了企业的采购、仓库收发、派工与生产过程，驱动了企业资金的流动，进而完成企业产品的销售。

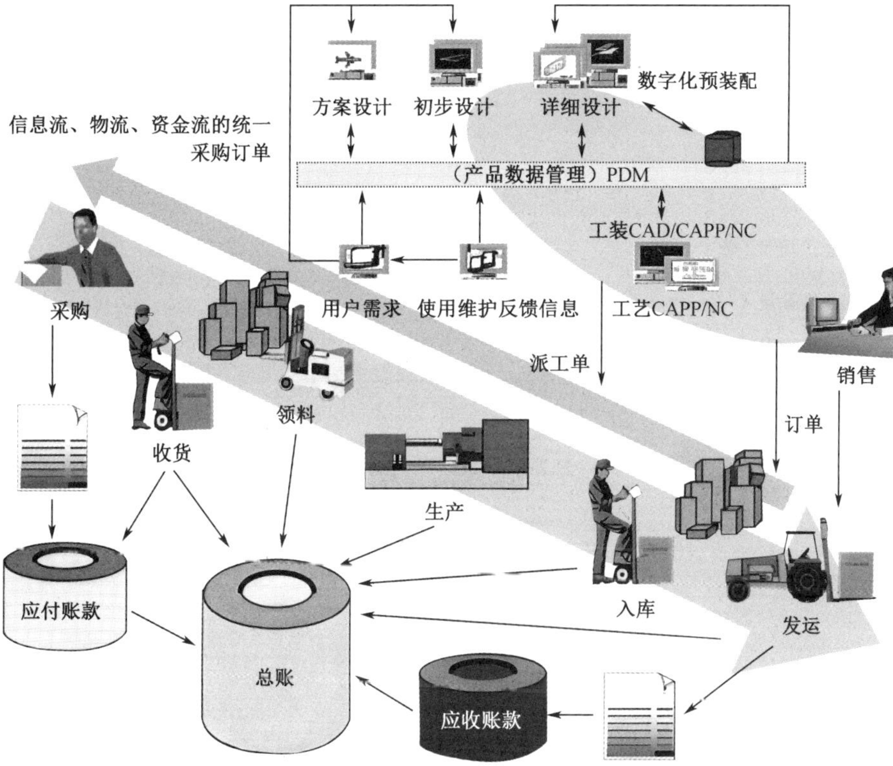

图1.1　企业产品全生命周期的信息流、物流和资金流的统一

由企业设计信息流形成的企业产品数据，驱动了企业生产计划流，带动了企业的物流与生产流的有序运行，通过企业资源规划（ERP）带动企业资金流的运转，形成了企业以供应链和客户关系两头对外的企业资源计划决策中心，如图1.2所示，在一体化数据信息集成基础上形成企业的价值链。

企业的数字化设计制造系统先通过客户端从市场获取用户的订单，再通过CAX[计算机辅助技术的缩写，包括计算机辅助设计（CAD）、计算机辅助制造（CAM）、计算机辅助工具（CAE）、计算机辅助工艺过程设计（CAPP）、计算机集成制造（CIMC）、计算机集成制造系统（CIMS）、计算机辅助软件工程（CAS）、计算机辅助测试（CAT）、计算机辅助教学(CAI)等]自顶向下进行产品的整体设计,关键零部件的结构分析、生产工艺规划与加工指令编辑,之后通过资源访问,在电子商务系统的支持与供应链系统的辅助下,从外部市场获取产品配置资源,完成产品设计,形成产品数据管理中的产品信息资源,在此信息资源向生产部门流动的情况下,形成生产计划、物料需求计划、车间作业指令、物资部门采购纳期指令等多流程并行的生产实施过程,在一体化的集成数据库体系下,构建企业的全面成本管理与质量保障体系,如图1.3所示。

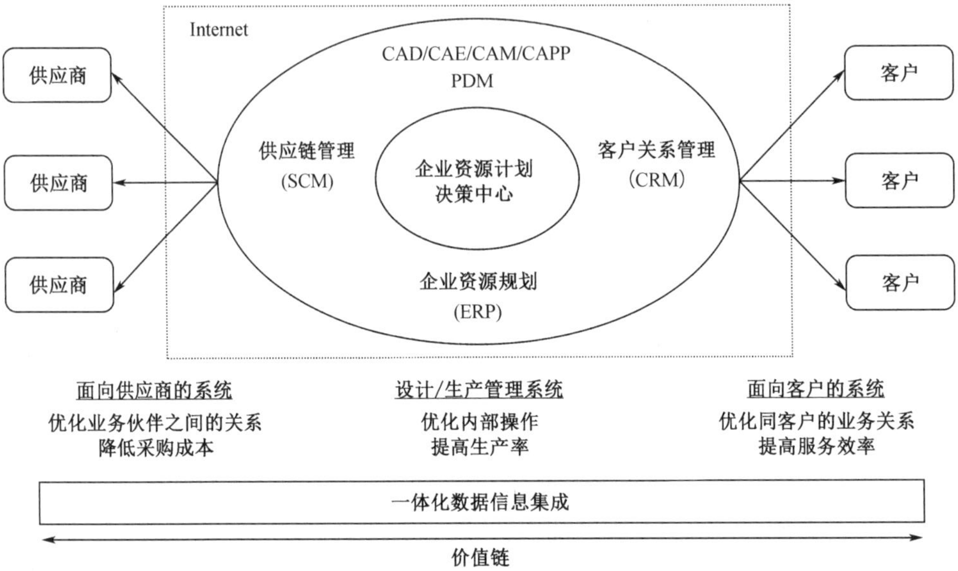

图1.2 企业产品数据在企业中的地位

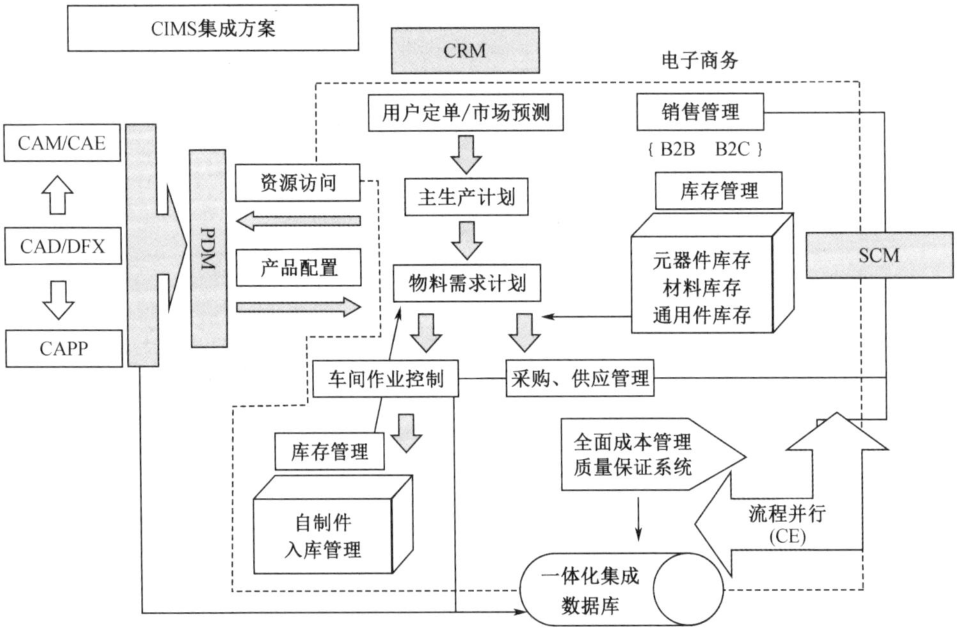

图1.3 企业的数字化设计制造系统

图 1.3 中,DFX 为一种设计方法,X 可代表产品生命周期中的各种因素,如制造、装配等;B2B 为企业对企业电子商务;C2C 为顾客对顾客电子商务。

企业信息系统的构建基础在于全流程的信息共享。因此,企业信息系统应在统一数据库平台基础上进行统一的构架,通过 CAX 在 PDM 下,形成企业基础服务层的产品统一物料清单(BOM),供企业生产与资源管理等业务应用层在各领域服务层进行信息查询、规划和指令触发,完成企业多部门间围绕产品生产的并行协同,如图 1.4 所示。

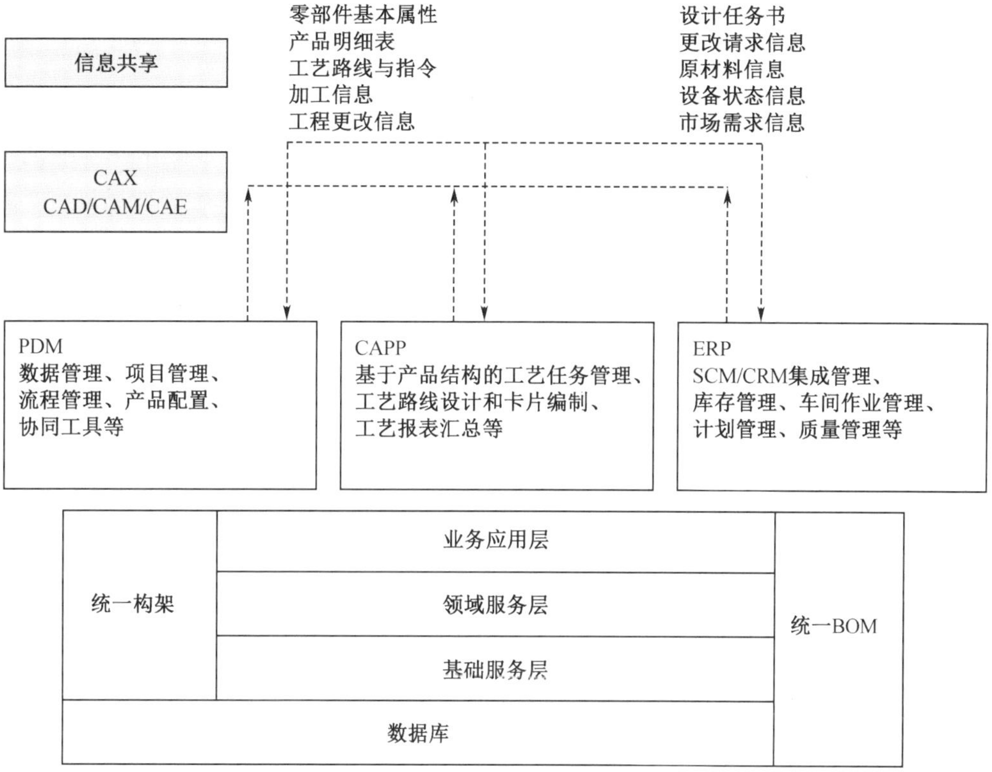

图 1.4 全流程的信息共享

我国的船舶数字化设计工程系统在统一数据库平台的支持下,已完成从初步设计到详细设计再到生产设计的整个 CAX 设计流程的构建,在产品数据管理系统和生产工艺设计系统的支持下,已能够为下游的生产计划管理部门、生产部门提供完整的统一 BOM——托盘,并在数字化与信息化融合目标的指引下,向着全面实现智能制造体系的方向发展。因此,从事船舶数字化设计的工程技术人员,高等院校船舶与海洋工程相关专业的本、专科学生及从事大型数字化设计系统开发的科学技术人员和软件工程师掌握船舶数字化设计工程管理相关技术很有必要。

第 2 章　船舶数字化设计工程管理

2.1　船舶数字化设计系统配置与环境架构

船舶生产是按项目制进行的，一条船就是一个工程项目。为了有效利用企业的生产资源，船舶制造企业都是将每一条船当作一个工程项目，在制定单船生产计划的同时，将该项目纳入企业产品生产的三年滚动计划，使整个企业生产并行有序地推进。船舶的工程设计作为一项巨型工程的信息输入，需要许多人参与并按专业并行完成产品的设计信息输入与管理，因此数据的操作者按专业与管理角色的不同，分为设计信息输入操作者和项目工程管理者，同时，根据项目操作角色划分所处的环境与地位的不同，其设计信息的输入可放在企业局域网内的服务器上，也可以放在本机上的客户端。

具有船舶数字化设计自主知识产权的 SPD（船舶产品设计）系统，本着统一数据库的系统开发和系统为企业全局管理服务的原则，在工程设计项目管理上将工程分为网络工程和单机工程两种类型。网络工程应用于企业内部多人协同设计，其工程数据存放在服务器上。设计人员在客户端运行 SPD 软件应用程序，通过预先配置好的数据库服务器的地址和文件服务器的地址、工程项目路径，直接打开服务器上的工程进行设计和数据、文件存储。单机工程应用于非联网计算机上，其工程数据和 SPD 软件应用程序都存放在同一台机器上。设计人员通过在项目管理中新建工程，选取“单机工程”，使数据存入本机配置的数据库服务器地址与文件服务器地址的工程项目路径中。

SPD 系统采用典型的客户端/服务器（C/S）结构模式。服务器端存储 SPD 系统使用的系统数据和工程数据，处理各客户端发过来的数据读写请求。服务器端采用由一台主服务器加若干台辅助服务器组成，一方面方便工程数据的管理，另一方面可提高系统运行性能，同时，多台辅助服务器还可以分担客户端并发操作时对主服务器产生的计算负载，充分发挥每一台辅助服务器的处理能力，提高对客户端的响应速度。

客户端的 SPD 系统应用程序为设计人员提供了交互的界面，可用于制定工程标准、定义原理数据，开展多专业并行的交互建模，生成图纸、报表等指导性生产文件。

2.1.1　SPD 系统的软硬件配置需求

SPD 系统服务器端的软件操作系统使用 Windows 2000 Server Edition 或更高版本。数据库软件使用：Microsoft SQL Server 2008 R2（10. 50. 1600）及以上版本。

SPD 系统服务器端的硬件配置：使用 Intel（R） i5 或 i7 以上版本的处理器，主频为 3. 4 GHz 或更高；随机存储器（RAM）内存为 16 GB；磁盘可用空间为 500 GB 以上（每个工程估计需要 50 GB）。

SPD 为系统客户端的软件操作系统使用 Windows 7 SP1 或更高版本，需要配套使用的软件为 AutoCAD 2015、ZWCAD 2018。

SPD 系统客户端最低硬件配置：使用 Intel（R） Core（TM） i5 以上版本的处理器，主频为 3.4 GHz 或更高；显卡使用 NVIDIA GTX 系列游戏显卡，显存为 2 GB 及以上；RAM 内存大于 16 GB；磁盘可用空间大于 100 GB。

通常推荐硬件配置：使用 Intel（R） Xeon 或 i7 以上版本的处理器，主频为 3.4 GHz 或更高；显卡使用 NVIDIA GTX 系列游戏显卡，显存为 2 GB 及以上；RAM 内存大于 32 GB；显示分辨率为 1 920×1 200 像素；磁盘可用空间大于 200 GB。

2.1.2　SPD 系统的系统环境架构

SPD 系统的环境架构如图 2.1 所示。SPD 系统的典型配置包括一台数据库服务器、一台交换机、一台或多台工程数据服务器、一台 License 服务器、若干台客户端计算机以及备份存储空间。

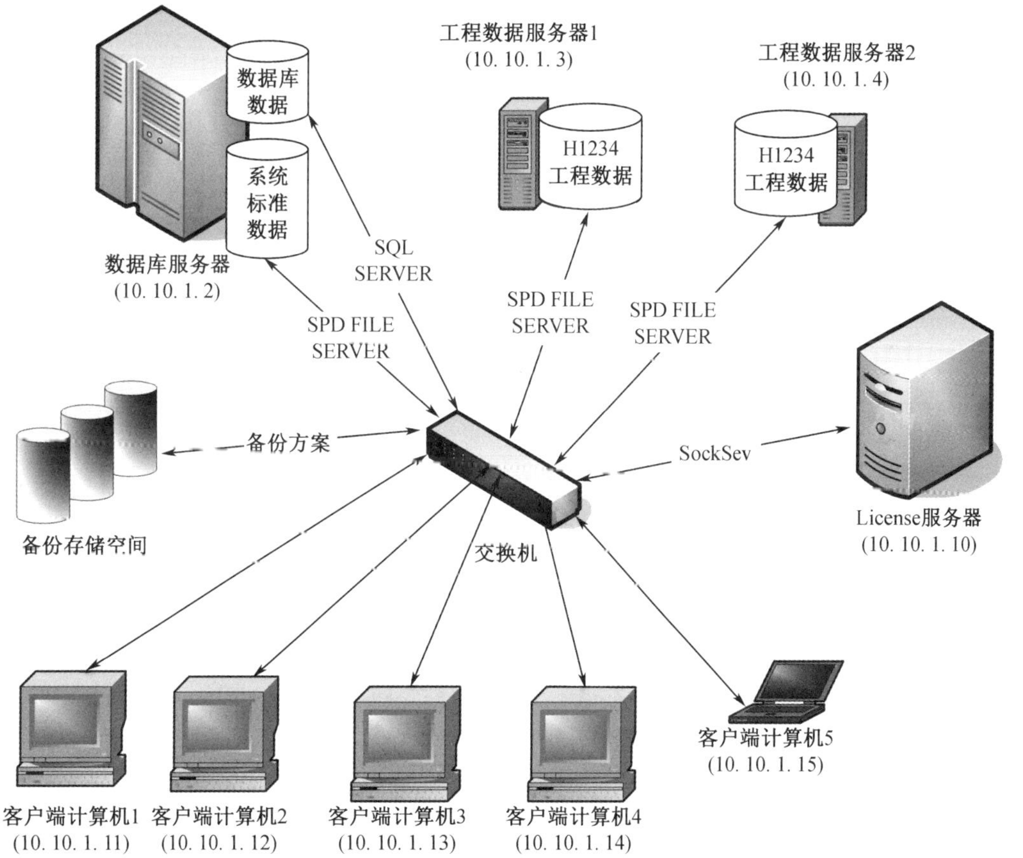

图 2.1　SPD 系统的环境架构

其客户端访问服务器的工作流程如图 2.2 所示。

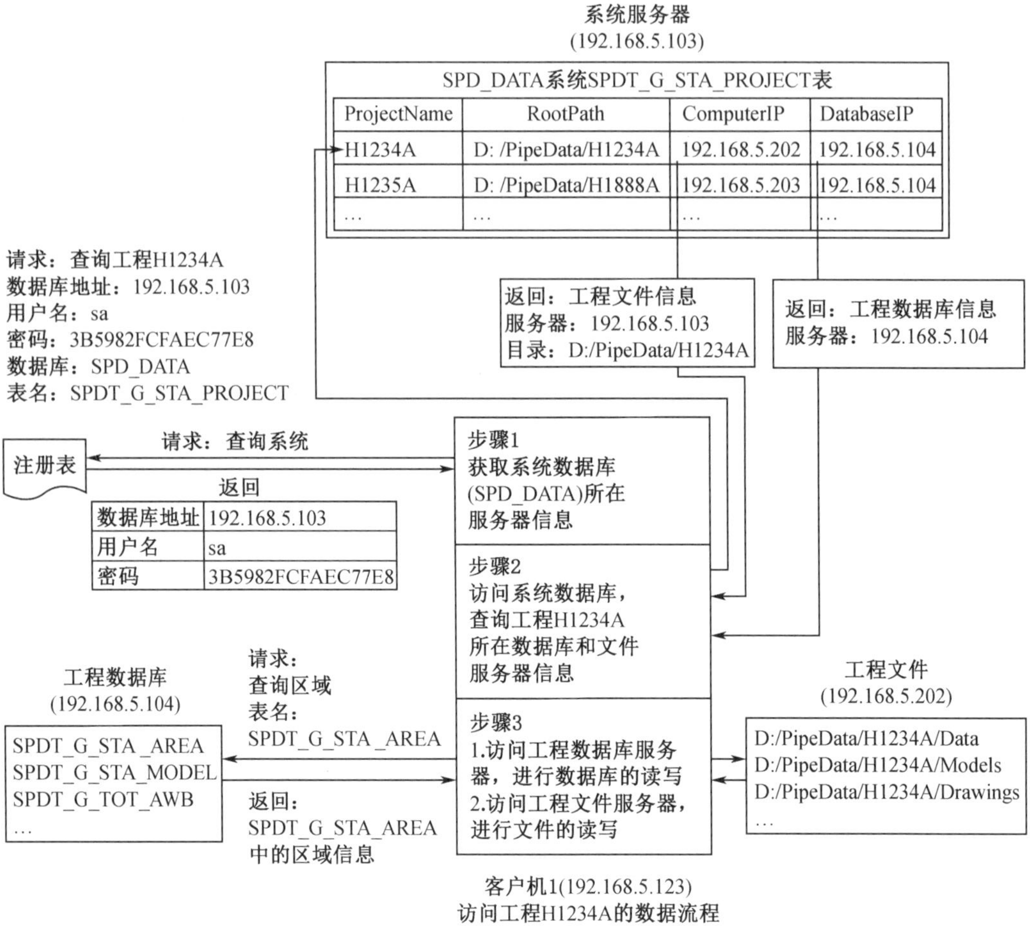

图 2.2　SPD 系统客户端访问服务器的工作流程

数据库服务器保存 SPD 系统配置数据、系统标准数据和各工程项目设计数据。客户端计算机通过 SQL SERVER 服务协议对服务器数据库中的数据进行读写，通过 SPD FILE SERVER 服务协议对系统标准数据进行读写。因此 SPD 系统的数据库服务器需要安装 SQL Server2008 和 SPD 系统的文件服务程序及输入系统标准数据。

工程数据服务器保存各个工程的模型、图纸、表册等工程文件数据。客户计算机通过 SPD FILE SERVER 服务协议对工程文件数据进行读写。因此 SPD 系统的工程数据服务器也需要安装 SPD 系统的文件服务程序。

License 服务器提供 SPD 系统的系统客户端计算机的网络许可协议。其需要识别 SPD 系统的网络狗，并启动网络狗运行程序 SockSev. exe，由此系统客户端计算机就可以使用 SPD 系统相应的许可模块应用程序进行工程项目的建模与设计。

数据库服务器、工程数据服务器、License 服务器可以合并为一台服务器，此服务器需要安装 SQL Server、SPD 系统的文件服务程序、系统标准数据、SPD 系统的网络狗识别程序及网络狗运行程序。

客户端计算机需安装 SPD 系统的应用程序及相关的第三方应用软件，如：AutoCAD 2015、ZWCAD 2018、Microsoft Office 等。

SPD 客户端计算机、服务器通过网络设备互相访问，因此，需要有网络平台保证 SPD 软件设计系统的客户端计算机与服务器之间网络互通。

通过备份方案将 SPD 系统的数据库、系统标准数据、系统工程文件数据定期备份到备份存储空间中，以保证数据安全。

2.2　SPD 系统的数据库安装与配置

SPD 系统数据库要求使用 Microsoft SQL Server 2008 R2（10.50.1600），安装时要求使用缺省实例，并开启混合认证。

在下载并解压的 Microsoft SQL Server 2008 R2 企业版（Enterprise）的文件中选取 setup 文件，如图 2.3 所示。

图 2.3　Microsoft SQL Server 2008 R2 企业版的安装

若 setup 运行后提示系统缺少 NET Framework 3.5，还需安装 NET Framework 3.5。若安装中 setup 能直接运行，则可忽略该注释，直接操作，选取“安装”，再选取“全新安装或向现有安装添加功能”，如图 2.4 所示。在安装支持规则中选“确定”，如图 2.5 所示。产品密钥会自动填入，选取“下一步”，如图 2.6 所示。接受许可条款，如图 2.7 所示。

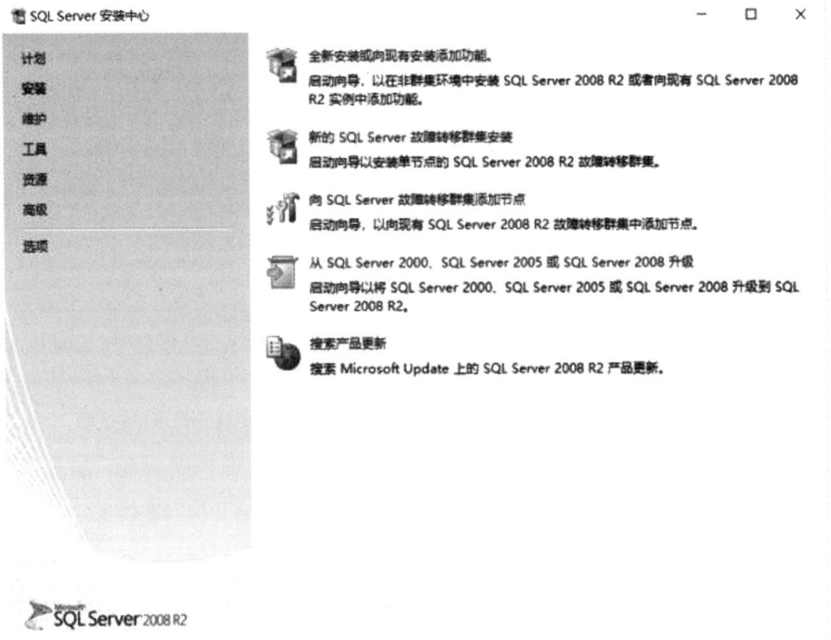

图 2.4　SQL Server 安装中心

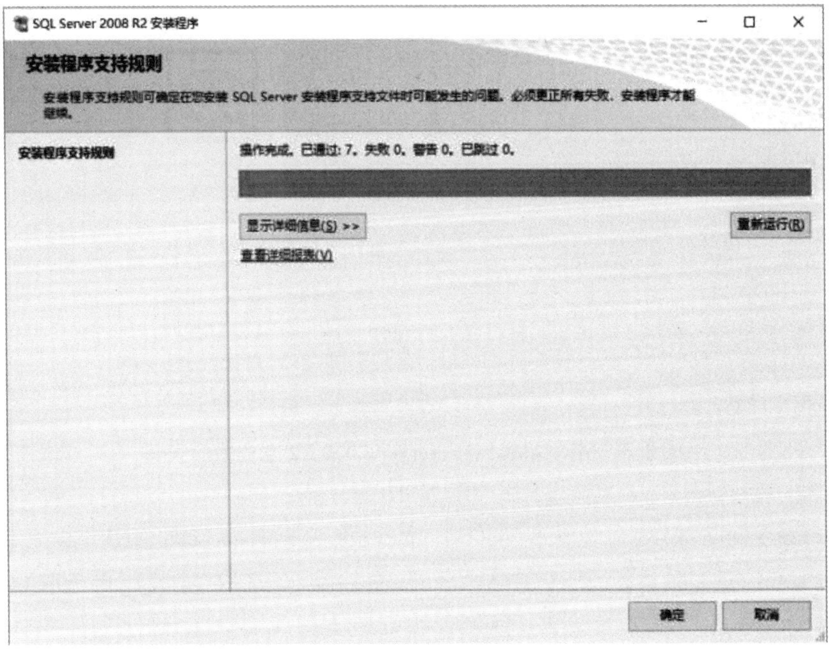

图 2.5　安装支持规则

图 2.6　产品密钥填写

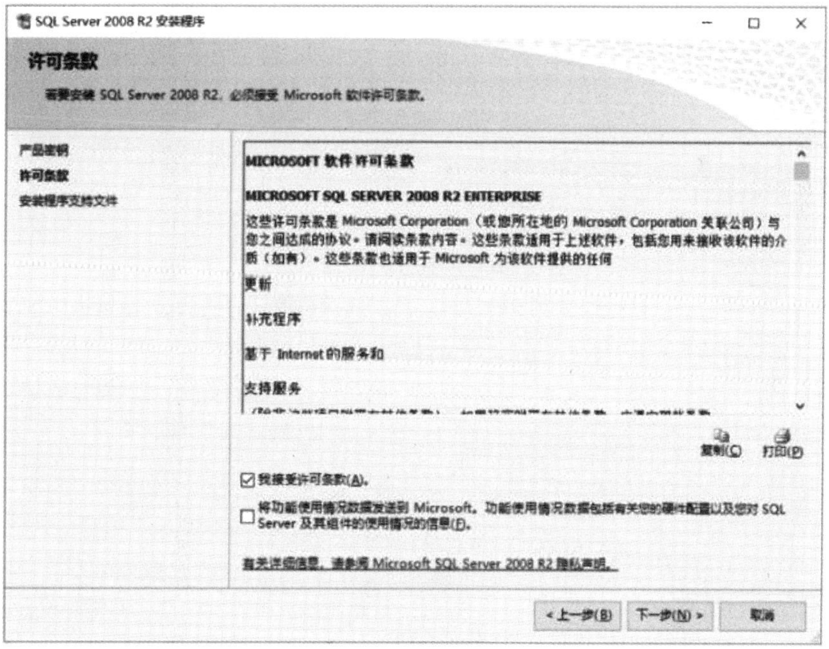

图 2.7　接受许可条款

选取“安装”，如图 2.8 所示。在设置角色中选取“SQL Server 功能安装”，再选取“下一步”，如图 2.9 所示。在功能选择中，选取“全选”，然后再选取“下一步”，如图 2.10 所示。实例配置选取“默认实例”，然后选取“下一步”，如图 2.11 所示。

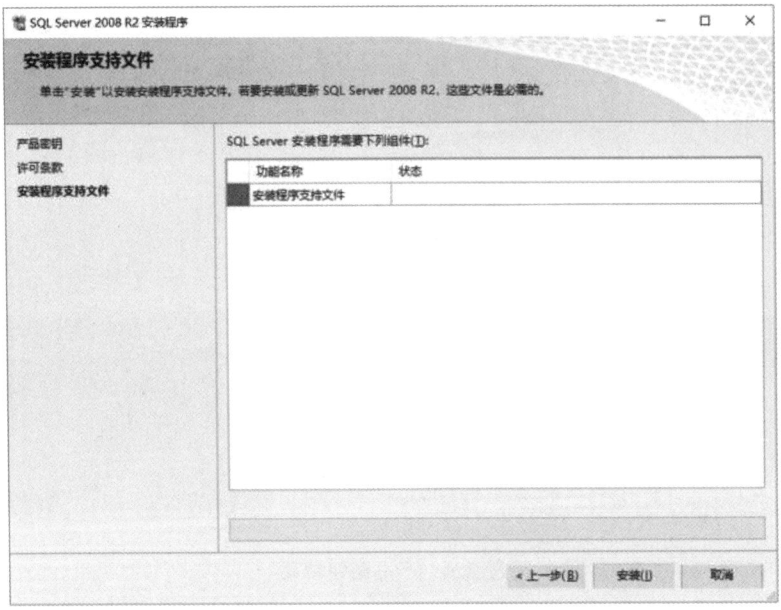

图 2.8　安装程序支持文件

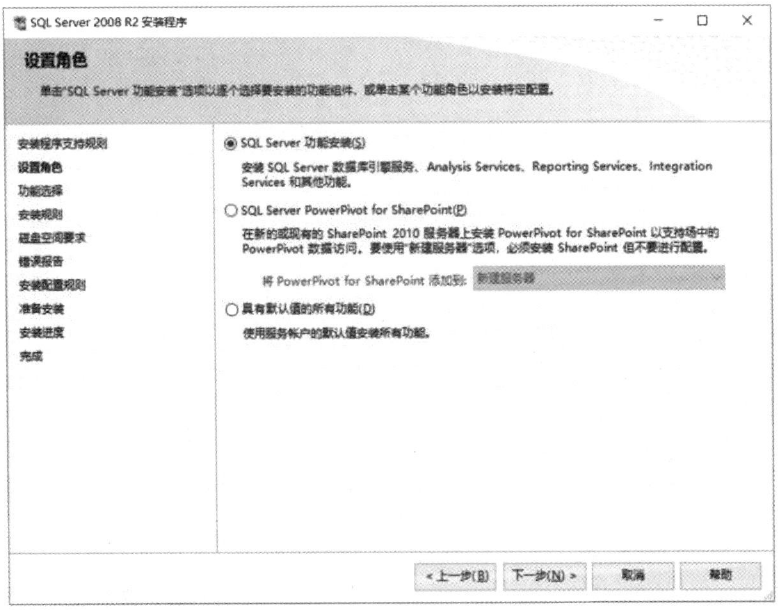

图 2.9　设置角色

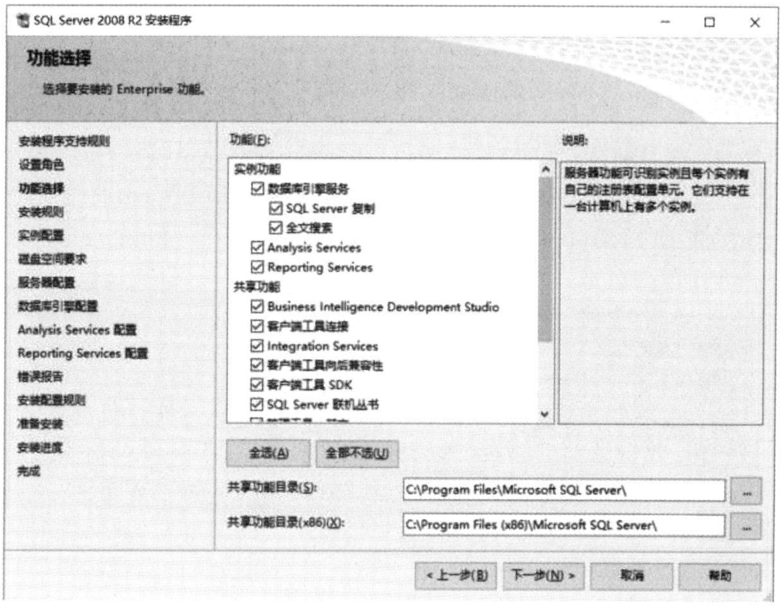

图 2.10　功能选择

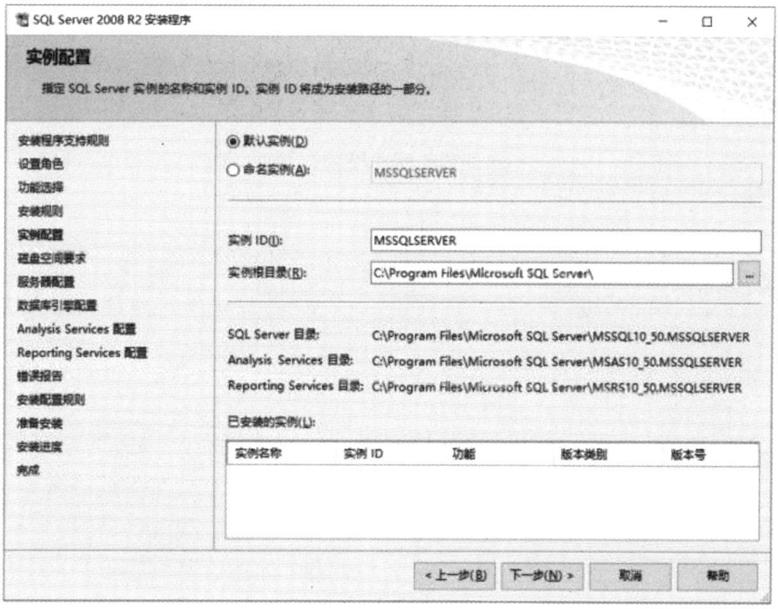

图 2.11　实例配置

SQL Server 运行存储数据需要的磁盘空间为 6 000 MB 左右，因此，在磁盘空间要求中需要选择 6 000 MB 左右的磁盘，然后选取“下一步”，如图 2.12 所示。在服务器配置时，选取“对所有 SQL Server 服务使用相同的账户”，然后选取“下一步”，如图 2.13 所示。服务器配置完成后，为所有服务账户指定用户名和密码，然后选取“确定”，如图

2. 14 所示。数据库引擎配置中,选择“混合模式(SQL Server 身份验证和 Windows 身份验证)”,然后设置“密码”,之后选取“下一步”,如图 2. 15 所示。随后,继续在此对话框中选取“添加当前账户”,设置完成后选取“下一步”,如图 2. 16 所示。在配置分析服务对话框中选取“添加当前用户”,然后选取“下一步”,如图 2. 17 所示。此时,一路选取“下一步”,直到准备安装对话框出现,选取“安装”,系统完成 Microsoft SQL Server 2008 R2 的安装,如图 2. 18 所示。

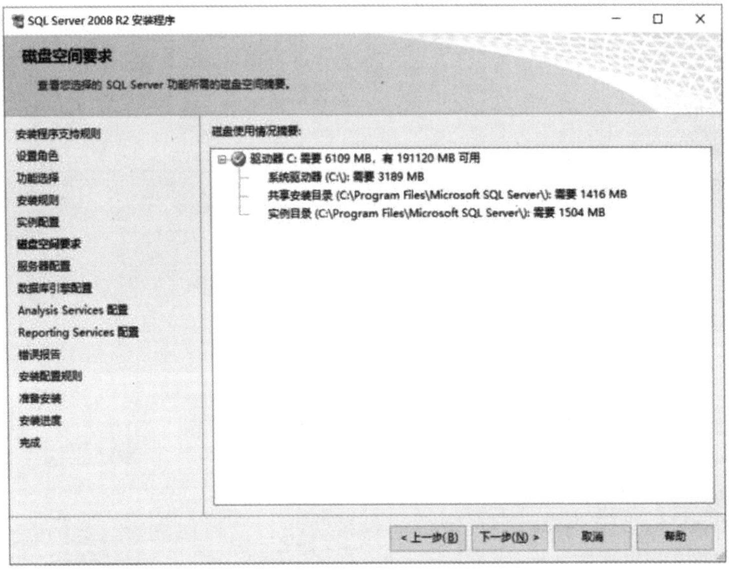

图 2. 12　磁盘空间配置

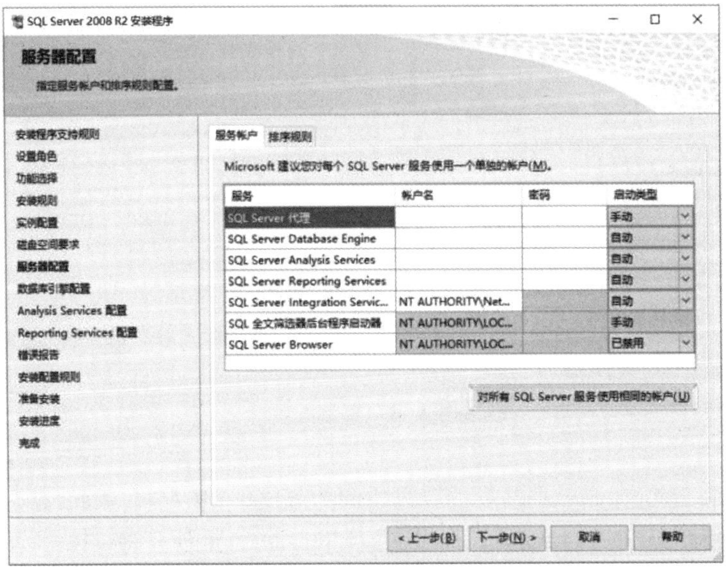

图 2. 13　服务器配置

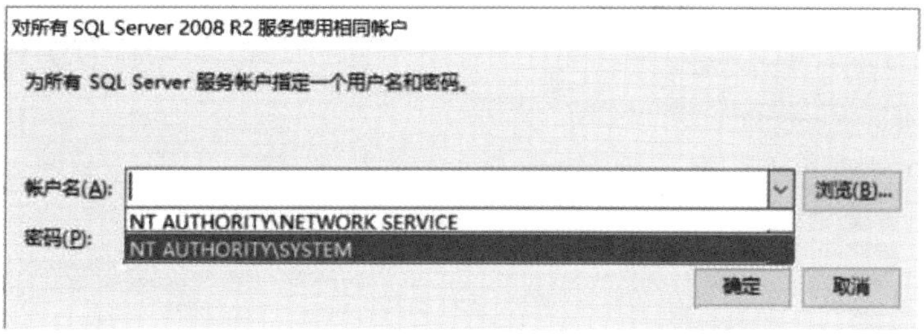

图 2.14　为所有服务账户指定用户名和密码

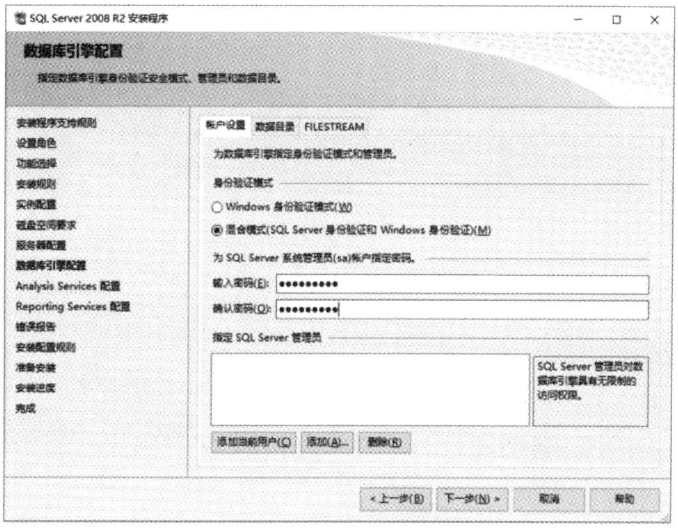

图 2.15　数据库引擎配置

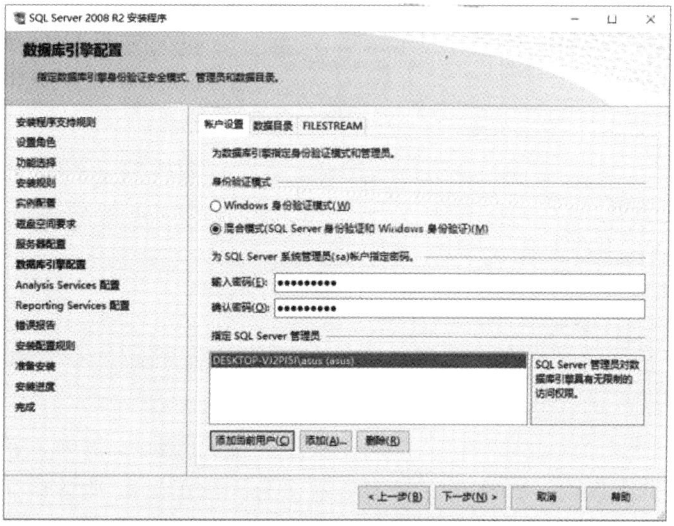

图 2.16　添加当前账户

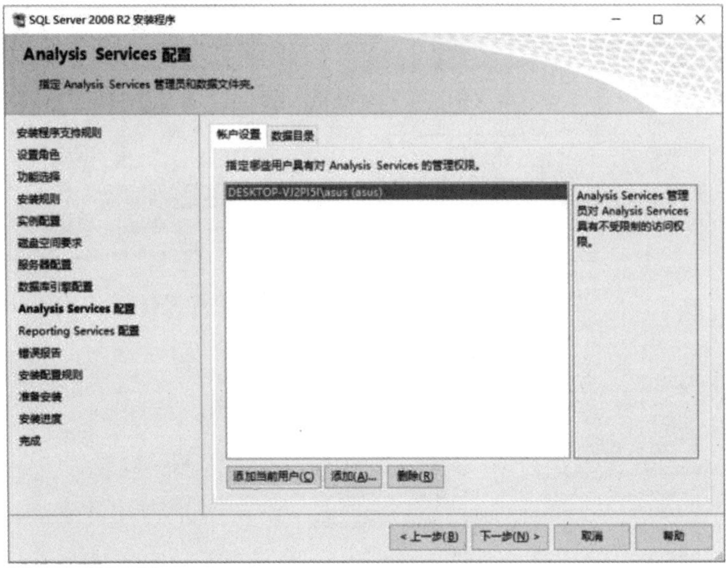

图 2.17　配置分析服务

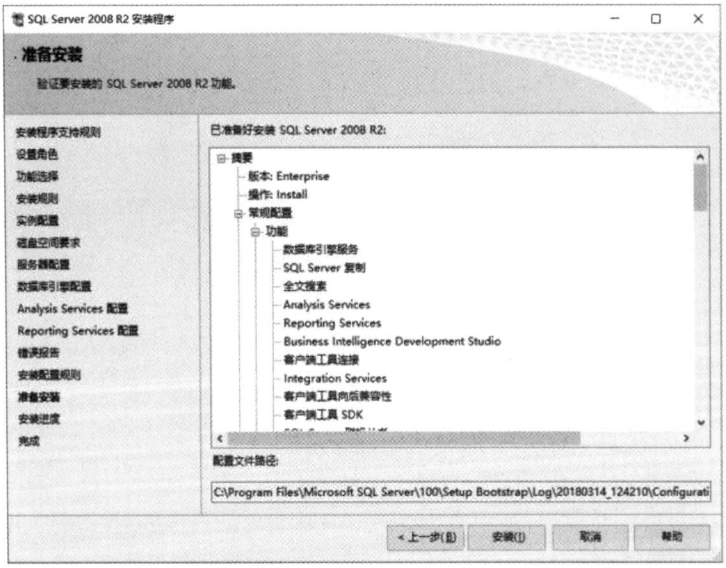

图 2.18　系统安装

SQL Server 的运行只要在快速启动中找到安装目录，选取“SQL Server Management Studio”，系统即进入运行模式。

在 Microsoft SQL Server 2008 R2 数据库使用缺省实例安装，并开启混合认证。系统运行后，需将数据库连接到服务器，在“服务器名称”中填入 IP 地址即可，如图 2.19 所示。选取“连接”后，需在“当前连接属性”对话框中对“产品版本”“实例名”“身份验证方式”进行定义，如图 2.20 所示。随后选取“关闭”，完成系统数据库配置。

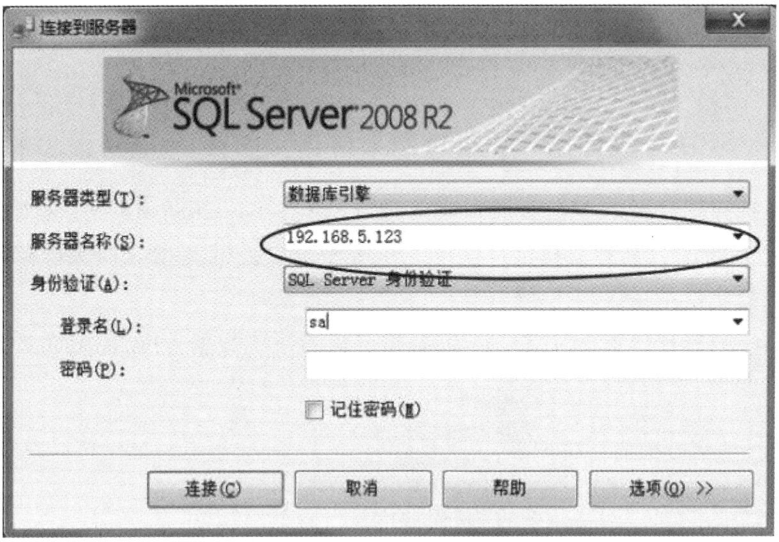

图 2.19　连接到服务器

图 2.20　当前连接属性配置

2.3 SPD 系统服务器端数据存储定义

2.3.1 SPD 系统数据和工程信息文件存储路径

SPD 系统需要安装数据通信程序建立起与 SQL Server 2008 R2 服务器端的通信，才能保存 SPD 系统的数据和工程信息文件。系统根据文件的类型分别保存在 SQL Server 数据库和磁盘文件中。

SPD 系统数据存储在 SQL Server 数据库定义的系统数据表中，如图 2.21 所示。

图 2.21　SPD 系统的系统数据存储

SPD_DATA_V5 包含人员、权限、专业、内码和工程列表；SPD_TEMPLATETABLES_V5 包含创建工程时用到的工程模板，在定制化设计中，需根据各船厂的设计规范标准来修改该数据库中的数据，当再创建新工程时，SPD 软件设计系统会将该数据复制到新工程中。

SPD 系统存储在服务器端硬盘中的系统文件数据，如图 2.22 所示。

图 2.22　SPD 系统存储在服务器端硬盘中的系统文件

SPD 系统的文件主要存储在服务器端硬盘的 DATA 文件夹和 TemplateTables 文件夹中。其中：DATA 文件夹主要存储包含图框符号模板的文件 DWGFRAME. dw2，TemplateTables 文件夹提供 SPD 系统的工程报表输出所需要的模板。

SPD 系统的工程数据存储在 SQL Server 数据库定义好的工程数据表中，主要包含各专业的标准、管理和日志数据；存储在服务器硬盘中的数据主要包括：数据库中保存到产品建模的几何数据，形成的图、表文件存储的夹中管理路径表；文件夹中主要存储形成的二维、三维图，工程报表，技术文件等，如图 2.23 所示。

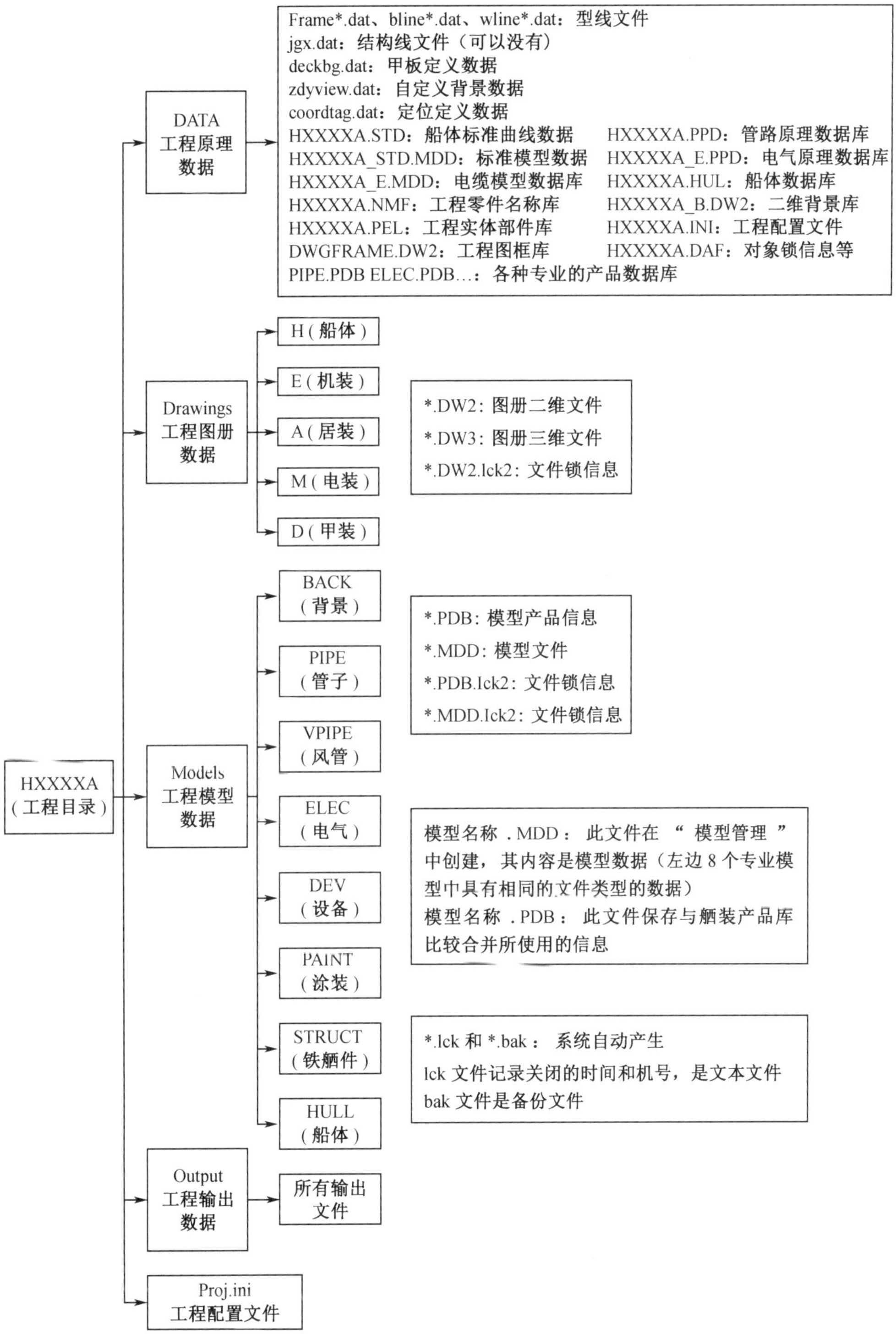

图 2.23 SPD 系统的工程文件管理目录

2.3.2 SPD 系统的数据服务器安装

打开 SPD 系统的安装程序后，首先出现欢迎界面，如图 2.24 所示。

图 2.24　SPD 系统安装程序的欢迎界面

倘若系统尚未安装 SOL 数据库，则系统会提示“必须先安装 Microsoft SQL Server，才能安装东欣船舶产品设计软件（SPD）服务器端。请先更正此问题，然后再次尝试安装。”（图 2.25）。在对话框中选择“确定”，系统将显示安装失败界面，如图 2.26 所示。继续在对话框内选取“完成”。当安装 SQL Server 后，再次运行本安装程序，系统则继续执行安装。在图 2.26 中选取“下一步”，则系统显示“最终用户许可协议”对话框。在“我接受许可协议中的条款”选择框中勾选，激活“下一步”按钮，如图 2.27 所示。

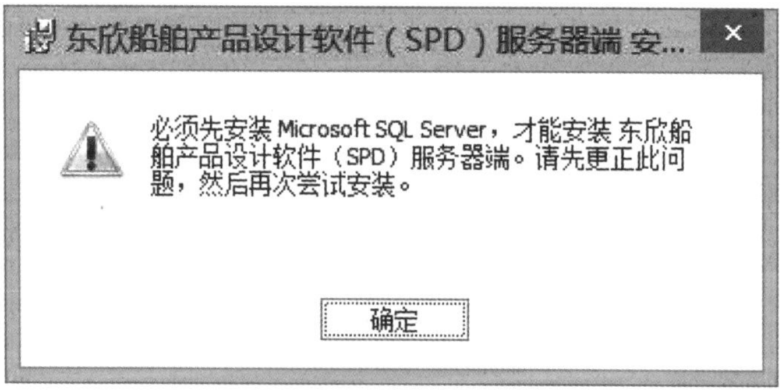

图 2.25　安装数据库提醒界面

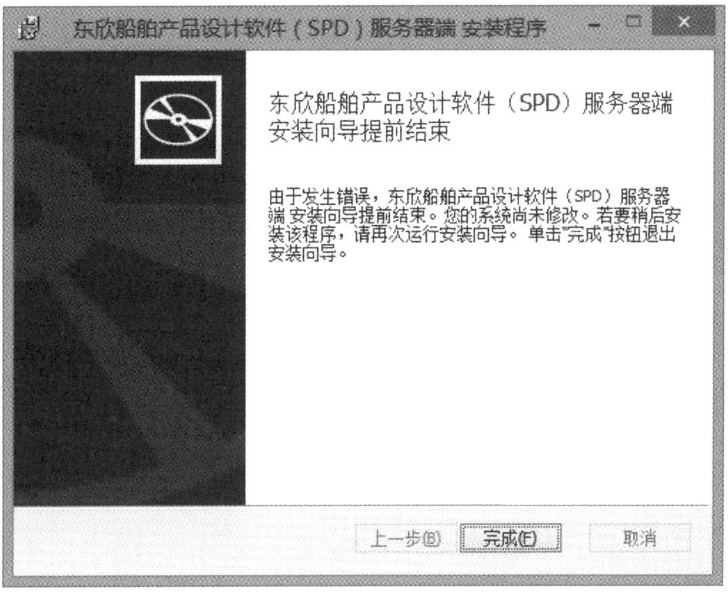

图 2.26　系统安装失败显示界面

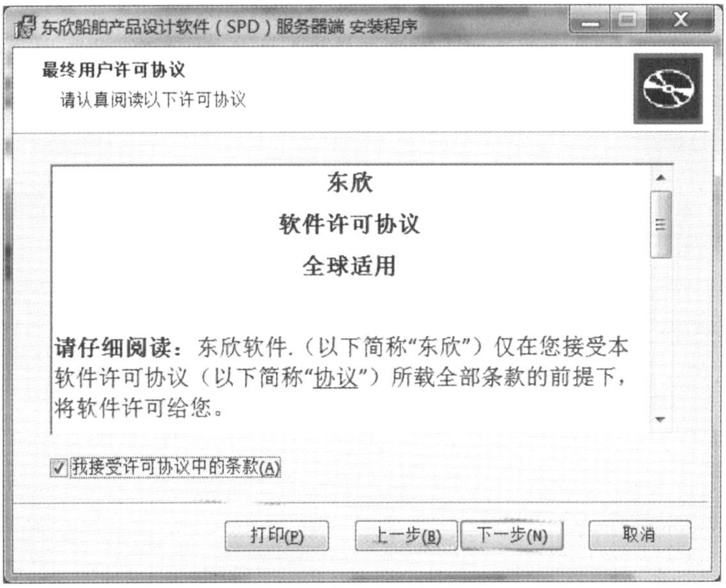

图 2.27　最终用户许可协议对话框

完成“最终用户许可协议”后，系统将进入“自定义安装”，此时可选择所需安装的 SPD 功能，如图 2.28 所示。在安装 SPD 系统时，必须安装“服务器端程序”与“SPD 文件服务”，此时可选择“浏览”按钮，为“服务器端程序”选取安装目录。选取“重置”可重新设置选择的功能。选取“磁盘使用情况”可查看选择的功能所需占据的磁盘空间。继续选择“下一步”磁盘使用情况系统会显示“已准备好安装东欣船舶产品设计软件(SPD)服务器端”，如图 2.29 所示。此时选取“安装”，系统开始向选定的磁盘空间复制新文件,如图 2.30 所示。安装成功则出现完成安装界面,如图 2.31 所示。选取“完成”,结束安装过程。

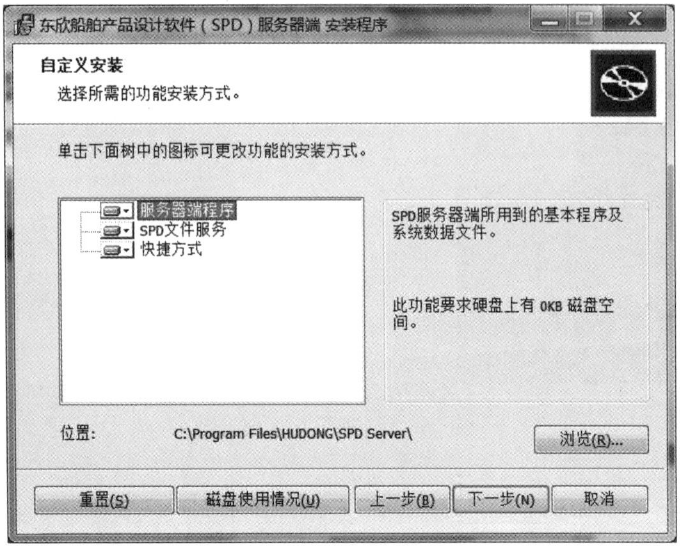

图 2.28 自定义安装界面

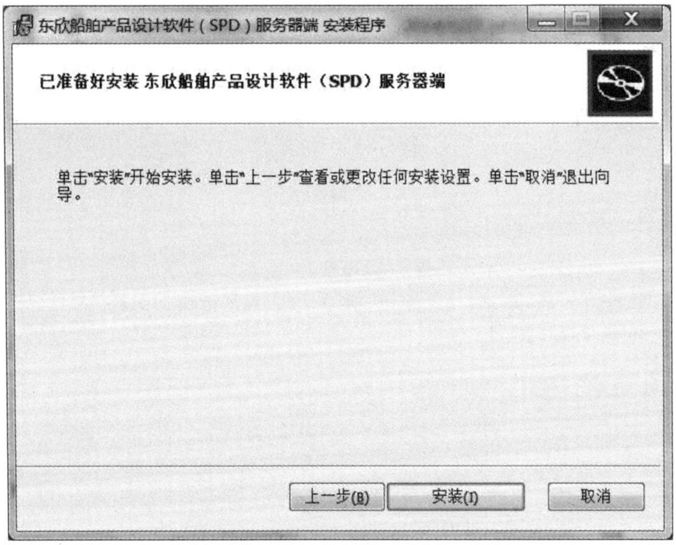

图 2.29 准备好安装服务器端界面

此时,系统会跳现“服务器配置”对话框,如图 2.32 所示。输入数据库“登录名”及“密码”(注:此处输入的数据库密码是明文)后,在本机互联网协议(IP)地址中选择数据库所使用的本机网络地址,选取“配置数据库”,对数据库进行配置。若配置成功,则会出现“恭喜您,SPD 系统数据服务器配置成功”对话框,如图 2.33 所示。选取“确定”,完成服务器配置。

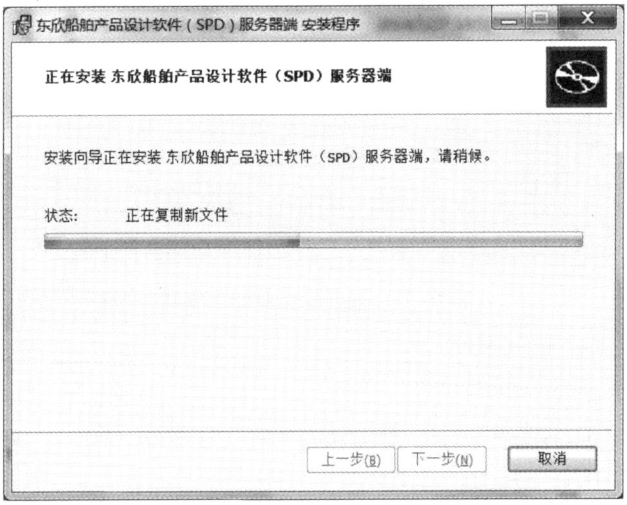

图 2.30　向选定的磁盘空间复制新文件

图 2.31　安装成功

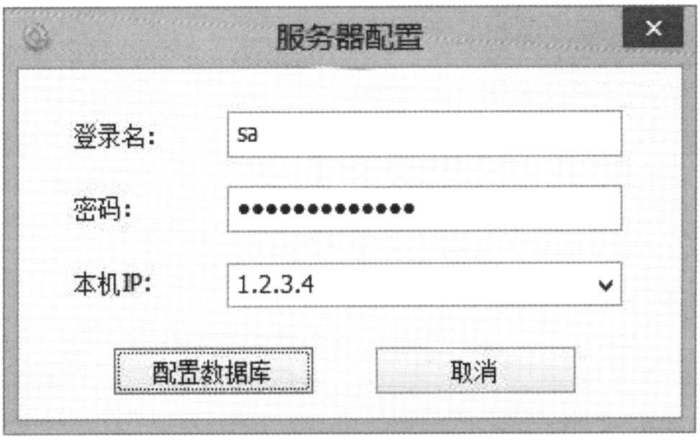

图 2.32　数据库配置

图 2.33　数据服务器配置成功

2.4　工程文件服务器安装

SPD 系统数据服务器安装完成后，会显示已完成“东欣船舶产品设计软件（SPD）服务器端安装”，此时系统已将工程数据与文件存储在数据库中配置完成，需要进一步将 SPD 系统工程数据服务器端安装在服务器上，以获得工程设计数据与数据库存储空间的通信管理。如图 2.34 所示，选取“下一步”按钮，系统显示“最终用户许可协议”界面（图 2.35），在“我接受许可协议中的条款”选择框中勾选，激活“下一步”按钮。

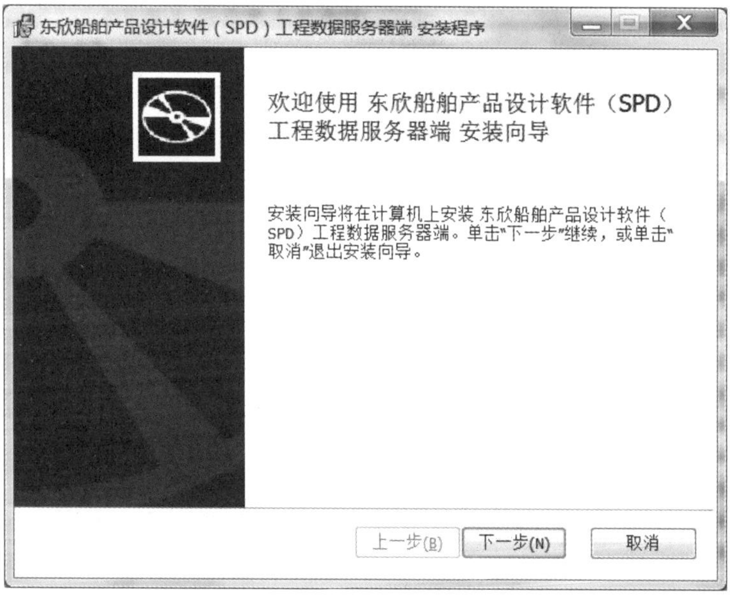

图 2.34　工程数据服务器端安装界面

选取“下一步”按钮，再选取“安装”按钮，如图 2.36 所示。系统开始进行工程数据服务器端的安装，如图 2.37 所示。安装成功，系统显示完成安装界面，如图 2.38 所示。选取“完成”，结束安装过程。

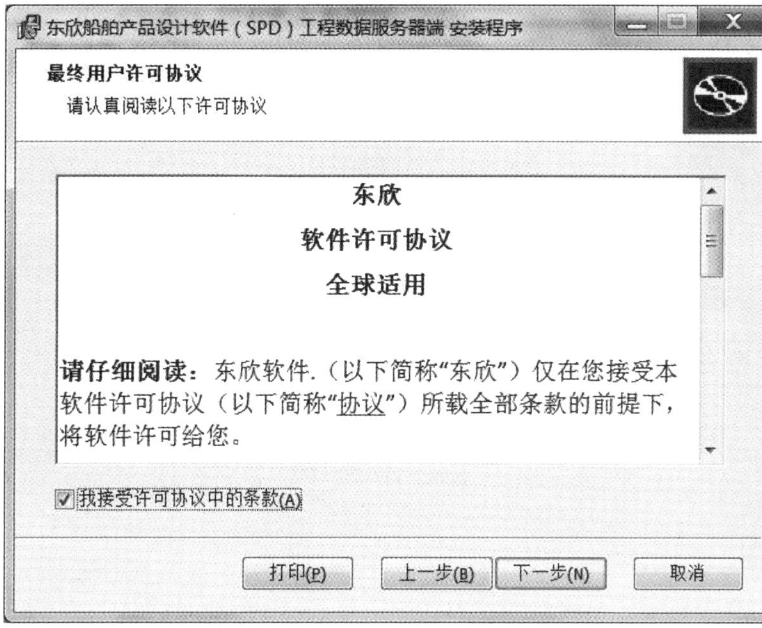

图 2.35　最终用户许可协议

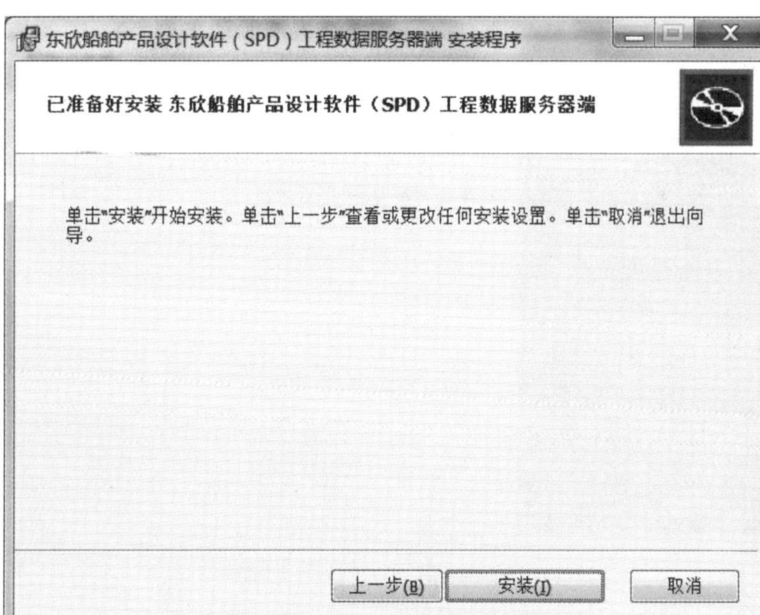

图 2.36　工程数据服务器端安装准备

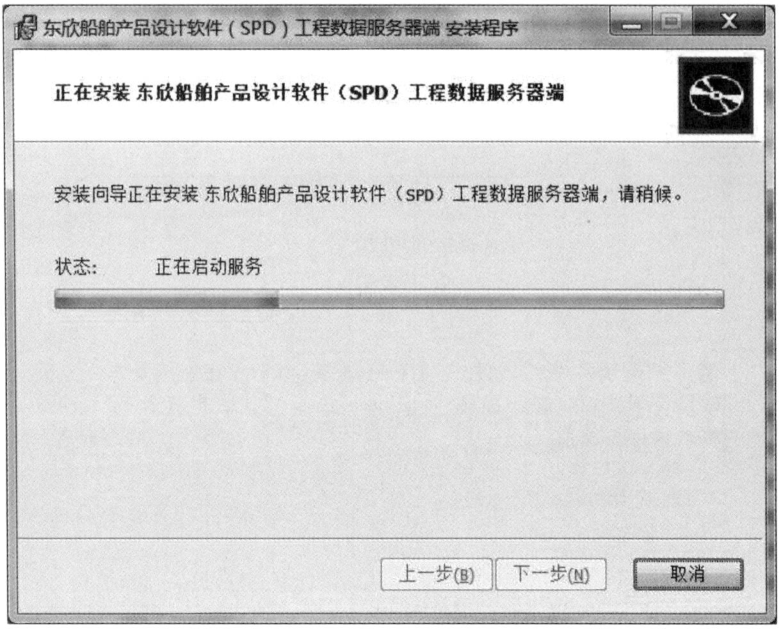

图 2.37　工程文件服务器端安装

图 2.38　工程数据服务器端安装完成

2.5　多网卡和指定端口的处理方法

由于在船舶制造企业日常工作中，为了满足全面数字化办公的需要，会设置多台服务器，分别承担 OA（办公自动化）、ERP、PDM 等企业生产管理的上、中、下游事务，因此，可能会在服务器端出现多块网卡或者端口被占用情况。SPD 系统可以指定服务器端，使用特定的网卡和端口来避免这种情况的发生，保障系统设计的有序运行，设置方法如下：

打开 C:\Windows\dxsoft.ini 文件，修改 IP 和 PORT（端口）值，如图 2.39 所示。

图 2.39　服务器端配置特定的网卡和端口

[LICENSE_SERVER]

IP = 192.168.5.103

PORT = 22

[FILE_SERVER]

IP = 192.168.5.103

PORT = 51212

其中，[LICENSE_SERVER] 表示许可服务器的设置，缺省端口是 22；[FILE_SERVER] 表示文件通信程序的设置，缺省端口是 51212。

如果服务器端 SQL Server 还原数据库时发生失败，可通过手动方式来还原数据库，需还原的数据库分别是“SPD_DATA_V5”和“SPD_TEMPLATETABLES_V5”。

下面以手动方式还原“SPD_DATA_V5”数据库为例概述还原方法，“SPD_TEMPLATETABLES_V5”数据库的还原方法与之相同。

启动数据库连接工具，选择“还原数据库”，如图 2.40 所示，系统弹出如图 2.41 所示对话框，在“目标数据库”中输入“SPD_DATA_V5”。然后选择“源设备”，弹出“指定备份”对话框，如图 2.42 所示。选取“添加”按钮，在安装目录下选择文件 SPD_DATA_V5（该文件会在安装时自动释放出来），如图 2.43 所示。在“选择用于还原的备份集”下，选取“确定”按钮，还原成功后，将会出现图 2.44 所示对话框。此时，选取“确定”按钮，系统将会出现图 2.45 所示“编辑前 200 行”对话框，其中有 dbo. SPDT_G_STA_PROJECT。

图 2.40　服务端数据库手工还原方法

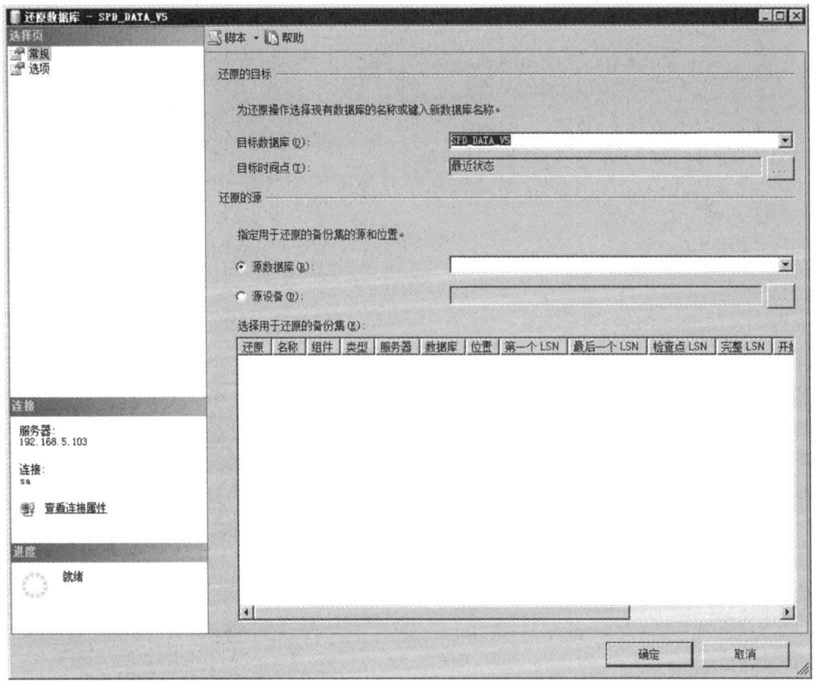

图 2.41　还原数据库(1)

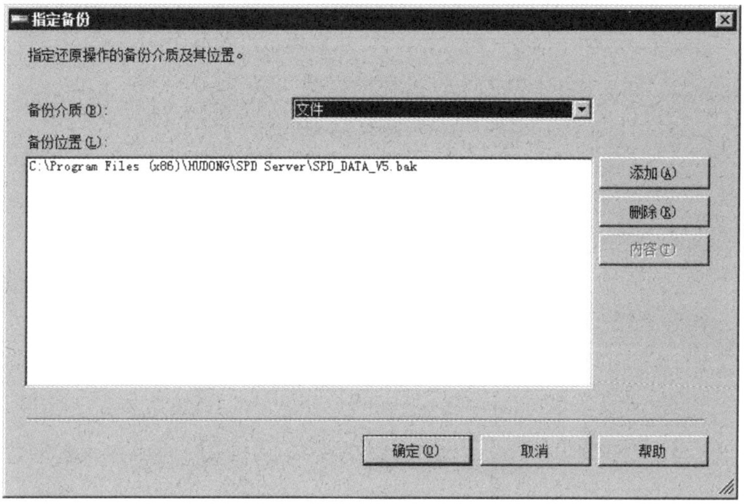

图 2.42　“指定备份”对话框

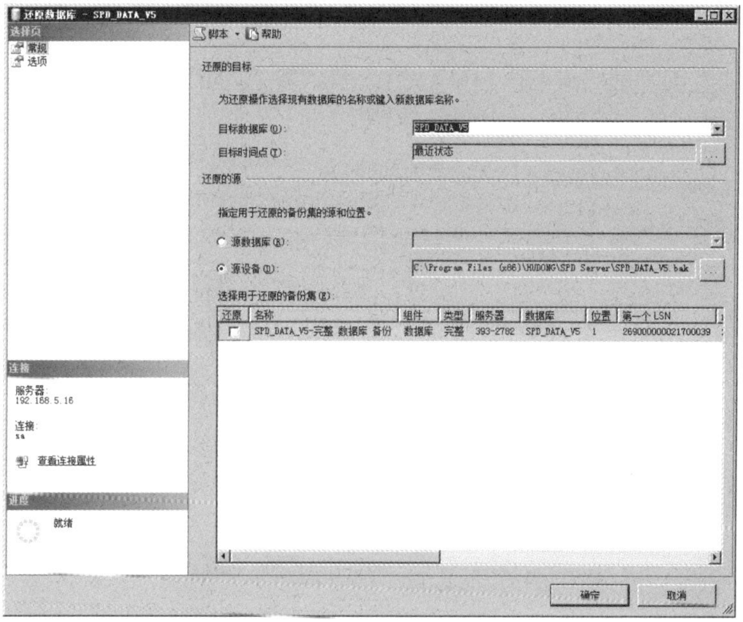

图 2.43　还原数据库(2)

图 2.44　数据库还原已成功

图 2.45　编辑前 200 行

使用上述方法分别还原 SPD_DATA_V5 和 SPD_TEMPLATETABLES_V5 两个数据库。打开数据库 SPD_DATA_V5 中的工程列表 SPDT_G_STA_PROJECT 表，如图 2.46 所示。

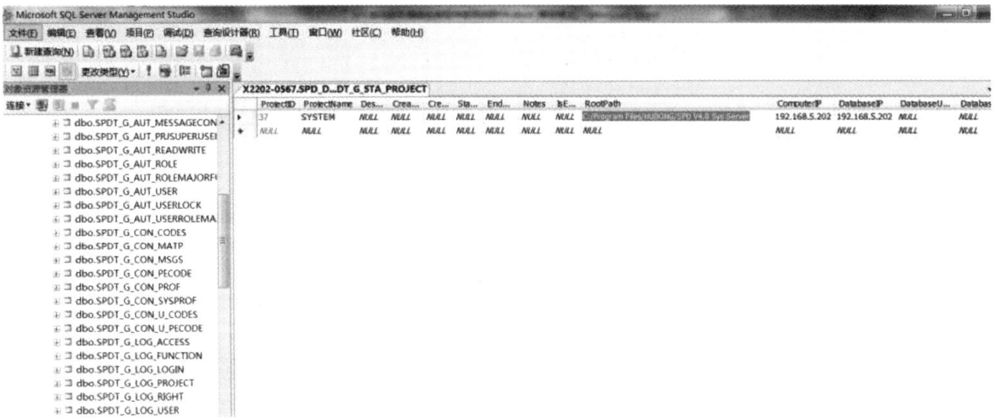

图 2.46　Microsoft SQL Server Management Studio 对话框

修改 ProjectName 为“SYSTEM”的记录：

(1) RootPath 为 SPD 系统安装的目录 C:\Program Files\HUDONG\SPD Server；

(2) ComputerIp 为系统文件所在的 IP 地址：192.168.5.103；

(3) DatabaseIp 为系统数据库所在的服务器 IP 地址：192.168.5.103；

(4) DatabaseUser 为系统数据库的用户：sa；

(5) DatabasePwd 为系统数据库的密码：C3BBFE6622C1FA72（此处为暗文）。

2.6　系统数据服务器卸载

为了保障工程数据的安全，通常在企业系统数据服务器升级时，在将系统数据文件移植到新的数据服务器上后，需将原有的系统数据卸载。SPD 系统的数据服务器卸载如图 2.47 所示。在打开服务器安装程序后，系统出现“东欣船舶产品设计软件(SPD)服务器端安装程序”界面，选取“下一步”按钮，系统出现“更改、修复或删除安装”界面，如图 2.48 所示。选取“删除”按钮，系统进入“已准备好删除东欣船舶产品设计软件(SPD)服务器端”界面，如图 2.49 所示。选取“删除”按钮，开始进行卸载，如图 2.50 所示。

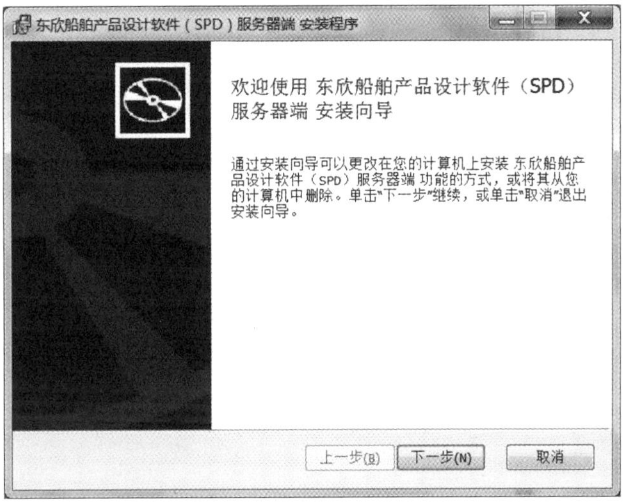

图 2.47　数据服务器卸载界面

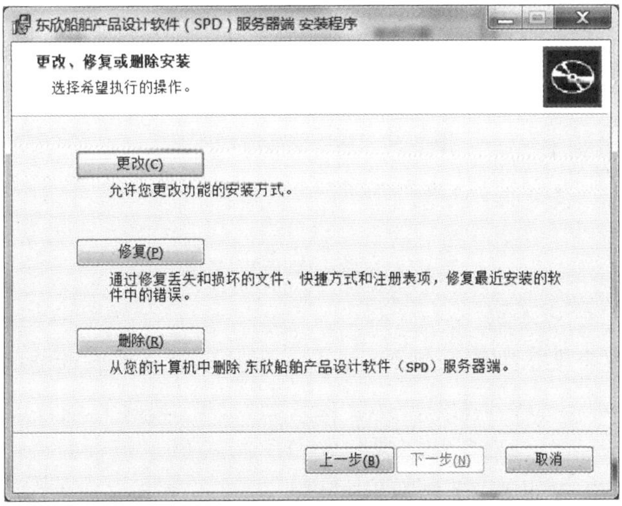

图 2.48　更改、修复或删除安装界面

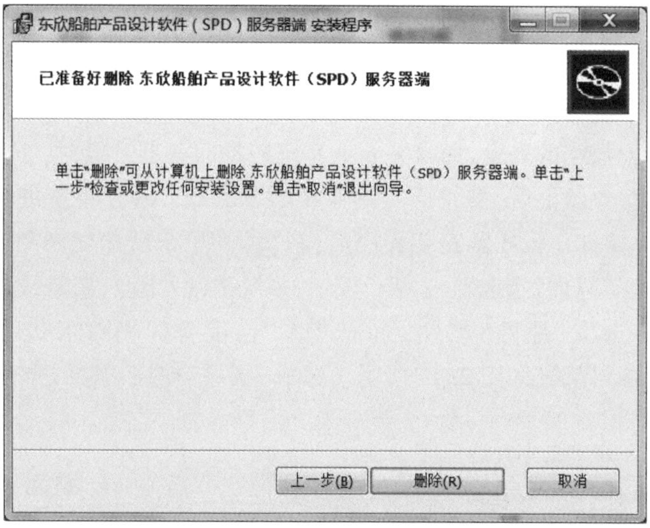

图 2.49　已准备好删除服务器端界面

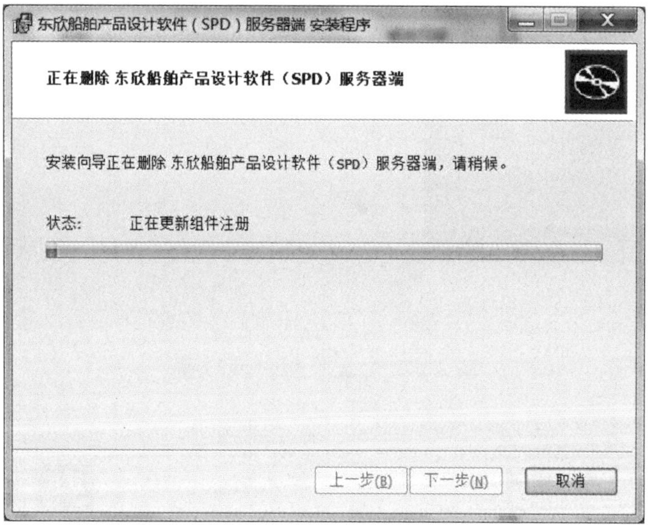

图 2.50　删除服务器端界面

2.7　客户端安装

SPD 系统的客户端是船舶生产企业工艺工程师依据送审设计的船舶图纸进行工艺生产设计的媒介，是工程师将平面的二维设计转化为三维工艺设计的平台和人机交互界面，因此，必须安装 AutoCAD 2015 或 ZWCAD 2018 以上版本的 CAD 软件，用以展示转化为三维模型的工艺设计，供船舶生产企业各专业的工程师进行工艺评估、专业交流、协调与系统平衡。其安装过程如下：

由安装程序主界面打开安装程序后，首先出现欢迎界面，如图 2.51 所示。

图 2.51　SPD 系统客户端 CAD 安装程序的欢迎界面

选取“安装”按钮，系统开始安装 AutoCAD 软件，如图 2.52 所示。若客户的计算机运行的是 64 位的系统，而安装运行的是 32 位的安装程序，则系统将出现如图 2.53 所示的提示。单击“确定”按钮，安装失败界面消失，系统返回安装向导中断界面，如图 2.54 所示。

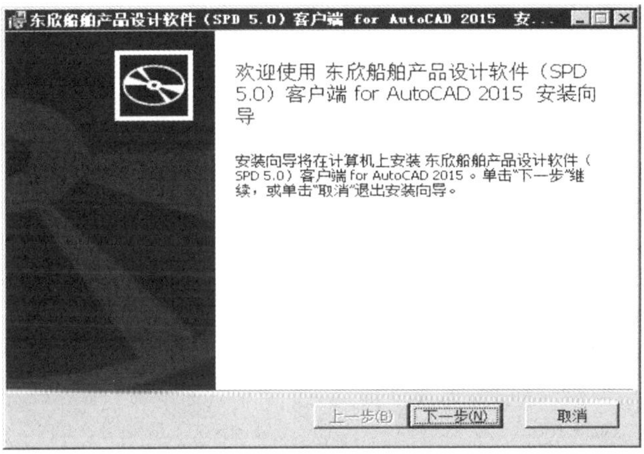

图 2.52　AutoCAD 安装界面

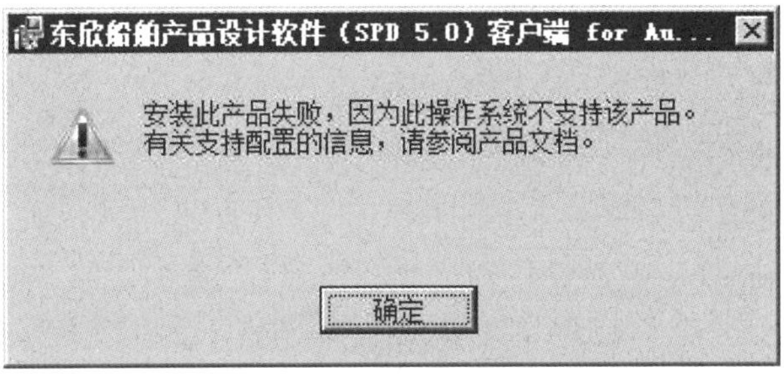

图 2.53　32 位安装程序运行失败提示

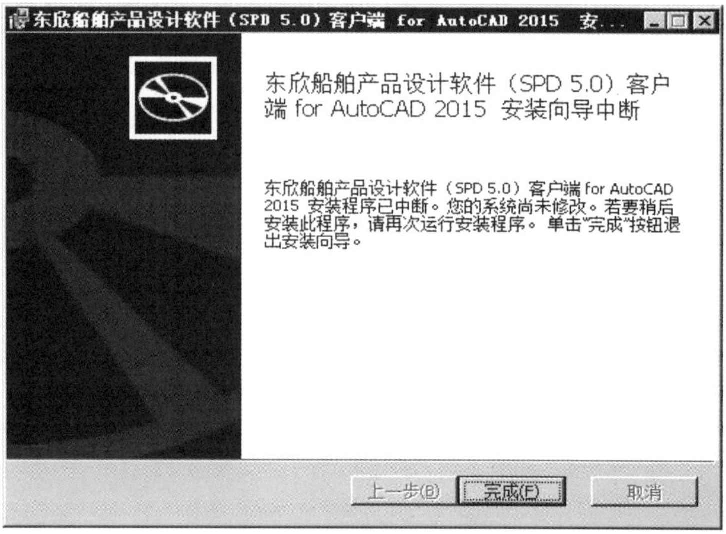

图 2.54　安装向导中断界面

选取“完成”按钮。更换安装程序或者安装 AutoCAD 后再次运行本安装程序可继续进行安装。此时,系统出现“最终用户许可协议”界面,如图 2.55 所示,显示“最终用户许可协议”。仔细阅读许可协议后,勾选“我接受许可协议中的条款”,接受该协议,选取“下一步”按钮。系统显示选择系统安装路径对话框,如图 2.56 所示。可在编辑框中直接输入系统的安装路径,也可选取“更改”按钮来选择安装 SPD 系统的文件夹路径。选取“下一步”按钮,系统显示配置 SPD 系统文件夹界面,如图 2.57 所示。

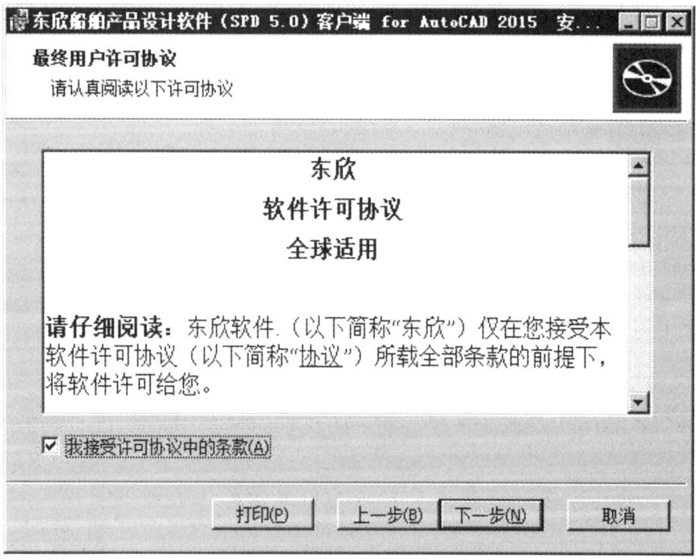

图 2.55　最终用户许可协议

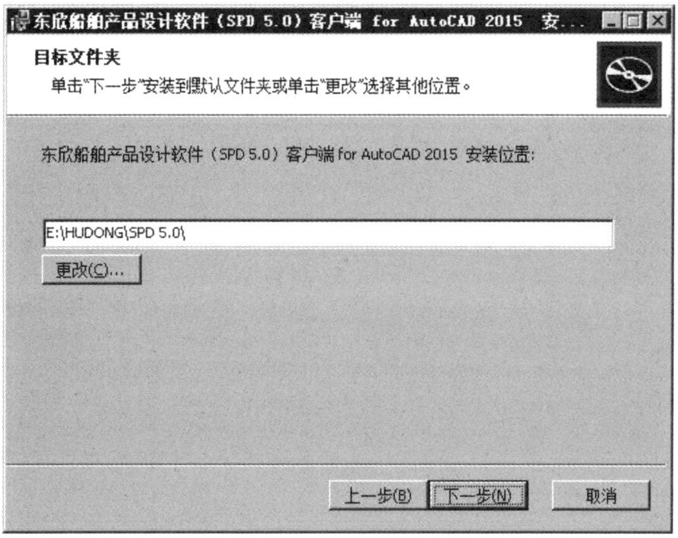

图 2.56 选择系统安装路径

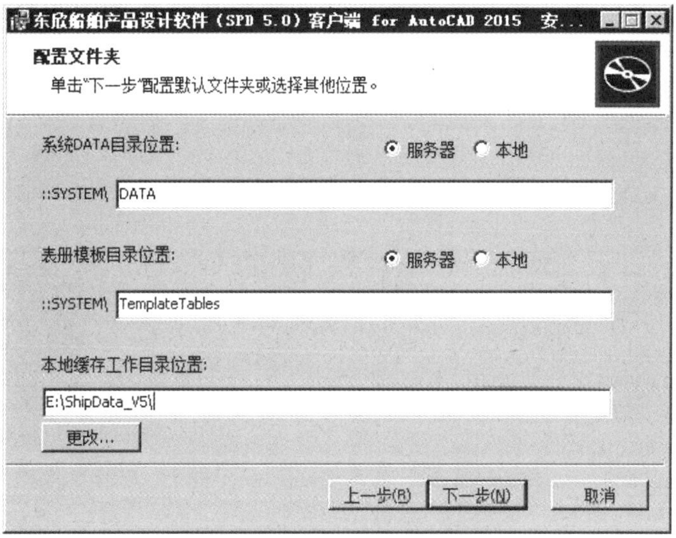

图 2.57 配置 SPD 系统文件夹界面

系统 DATA 目录是 SPD 系统运行所需要的系统数据。SPD 系统的默认目录值为"::SYSTEM\DATA"，其中"::SYSTEM"表示取服务器上 SPD 的系统数据，也可不使用"::SYSTEM"，直接设置目录的绝对路径，如"D:\DATA"。需注意的是，所设置的目录必须存在，否则会报错。

表册模板目录是 SPD 系统运行所需要的系统模板。SPD 系统的默认目录值为"::SYSTEM\TemplateTables"，其设置方法与设置系统 DATA 目录相同。

本地缓存工作目录是 SPD 系统运行时打开服务器上的工程时下载到本机的临时数据。默认为最大空闲磁盘根目录下的"ShipData_V5"文件夹，一般不需放在 SPD 系统的安装目录下。选取“下一步”按钮，系统显示 SPD 系统客户端安装界面，如图 2.58 所示。选取“安装”按钮，安装程序会自动完成 SPD 系统的安装，如图 2.59 所示。软件系统安装成功后，会显示软件系统完成安装界面，如图 2.60 所示。选取“完成”按钮，结束软件系统安装过程。完成安装后将弹出如图 2.61 所示的“安装成功”对话框。选取“完成”按钮，会出现“客户端配置”对话框，如图 2.62 所示，对 SPD 客户端进行配置。

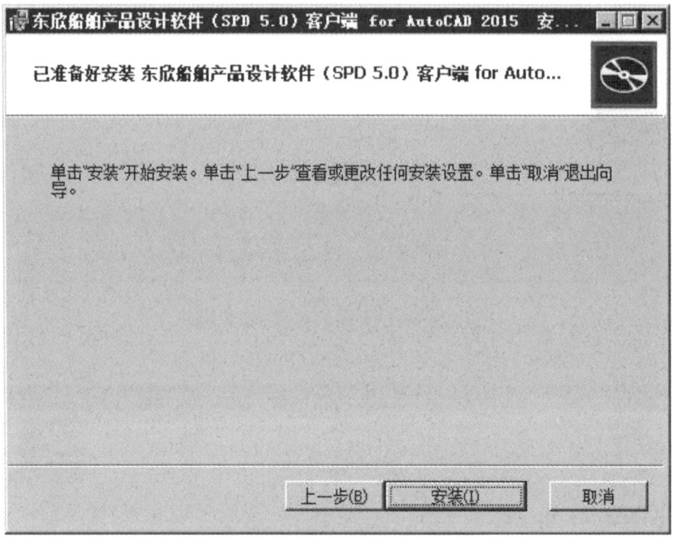

图 2.58　SPD 系统客户端安装界面

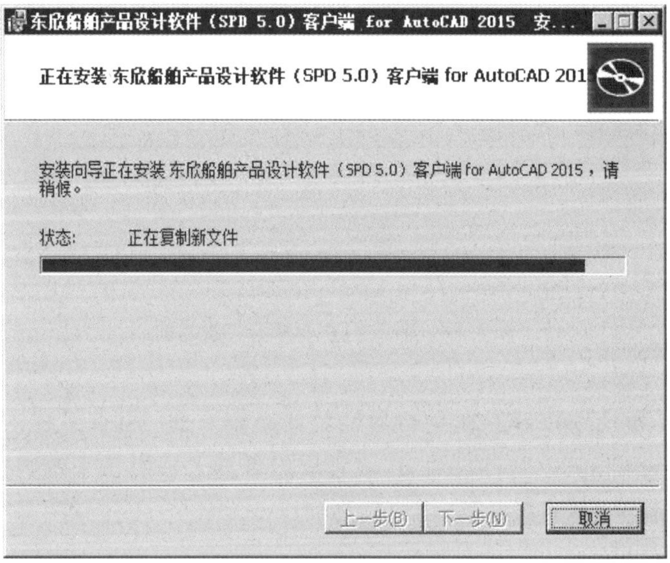

图 2.59　自动完成 SPD 系统

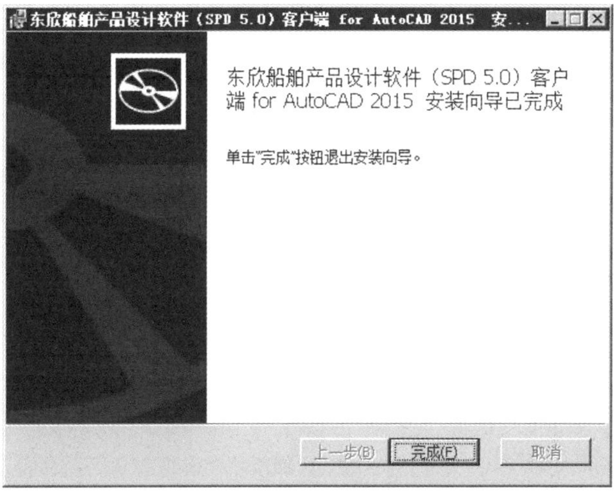

图 2.60　软件系统完成安装界面

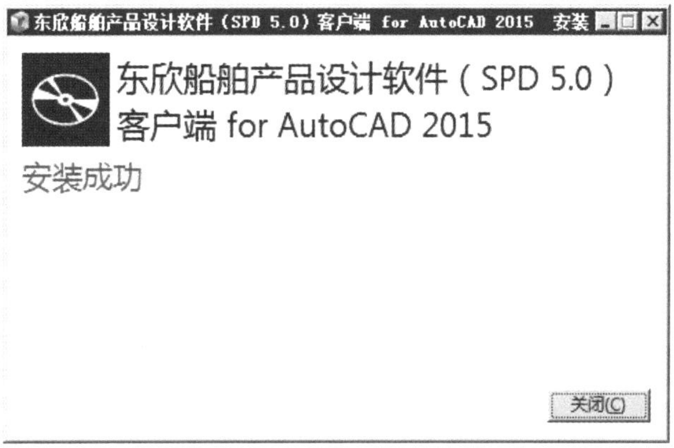

图 2.61　安装成功对话框

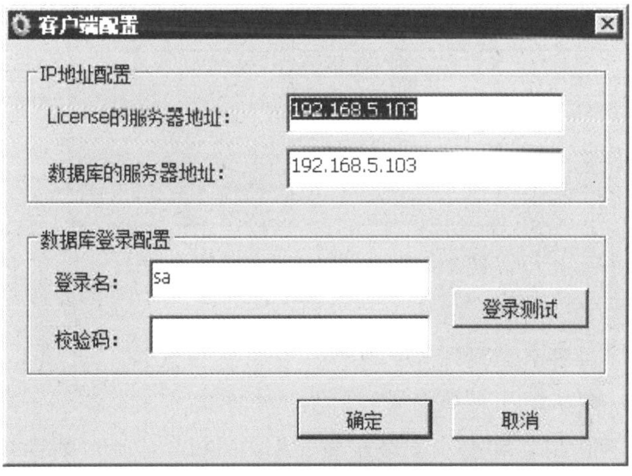

图 2.62　客户端配置对话框

“客户端配置”对话框中的“License 的服务器地址”配置,主要是完成 SPD 系统客户端所对应的服务器上软件狗的 IP 地址配置。通常默认值为空,每一位可以填 0~255 的整数。若未完全填满四位,则空缺位视为 0。

而“客户端配置”对话框中的“数据库的服务器地址”配置,主要是完成存储 SPD 系统数据和工程数据的 SQL server 服务器的 IP 地址的配置定义。其默认值也为空,设置方法与 License 的服务器的地址配置相同。

同样,“客户端配置”对话框中的“登录名”配置,是对用户使用客户端时连接服务器数据库所使用的登录名的定义;“校验码”则是由系统管理员提供的用于连接服务器数据库的数字、符号或图形等。

选取“登录测试”按钮,系统将根据所填的“登录名”及“校验码”登录所定义地址中的数据库服务器上的数据库。若填写内容正确无误且所有配置均成功,则选取“确定”按钮后,系统将出现图 2.63 所示的对话框。若填写内容不正确,则系统将显示图 2.64 所示的对话框。

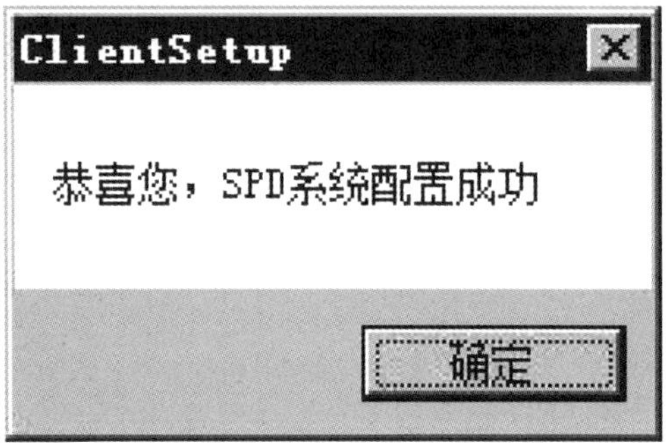

图 2.63　SPD 系统配置成果

图 2.64　数据库登录名不可为空

修改相应项目后,再次选择“确定”按钮,等待配置完成。若填写正确,但在配置过程中出现其他问题,则系统出现图 2.65 所示的对话框。

选取“终止”按钮,则立即退出安装配置;选取“重试”按钮,则系统重新进行当前项目的配置;选取“忽略”按钮,则系统将不再进行当前项目的配置,但继续完成接下来的项目的配置。

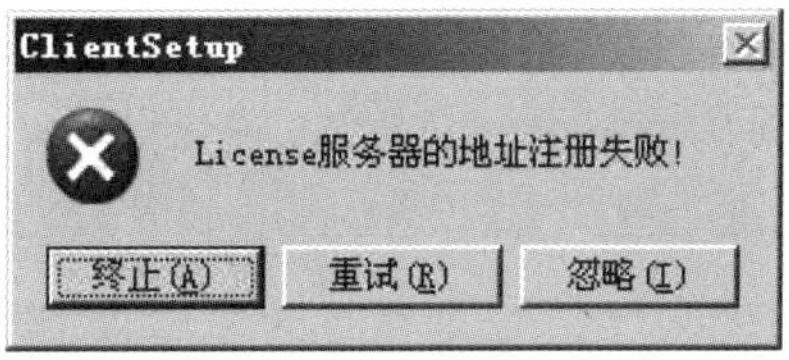

图 2.65　License 服务器的地址注册失败

与数据库服务器的数据库卸载一样，客户端的数据也需要卸载，以保证企业设计数据的安全，卸载过程通过系统的控制面板完成。在选择“控制面板”后，选取“程序和功能”，再选中 SPD 软件客户端图标，此时系统出现卸载确认界面，如图 2.66 所示。选取“卸载”按钮后，系统开始进行卸载，直至系统卸载完成。选取“关闭”按钮，对话框消失，完成卸载过程。

图 2.66　卸载确认界面

第 3 章　SPD 系统的工程管理

每一个工程数据都包含两种存储方式:文件和数据库。目前 SPD 系统的几何信息均保存在文件中,工艺及标准信息部分均保存在 SQL Server 数据库中。

SPD 系统工程管理模块主要用于统一管理船舶企业生产设计信息输入所创建的相应生产产品的工程信息,实现工程的创建,输入信息和文件的存储、冻结、删除等基本功能;同时帮助项目管理人员清楚了解所有工程项目目前的开发状态,对工程中的文件、数据库等进行导出和导入,方便进行工程的再升级、同型姊妹船舶工程数据的迁移、工程项目研发过程中的数据备份与还原。

3.1　SPD 系统的用户交互界面

SPD 系统的用户交互界面如图 3.1 所示。其系统工程管理模块主要包括以下功能:新建工程、附加工程、导入工程数据、导出工程数据、工程备份、工程还原。其工作交互界面包含 5 个功能区域;使得 SPD 系统布局更加合理、图标使用更为规范、界面配置更加灵活、整体风格更加一致,符合时代潮流,增强了用户体验感,提高了设计的效率。

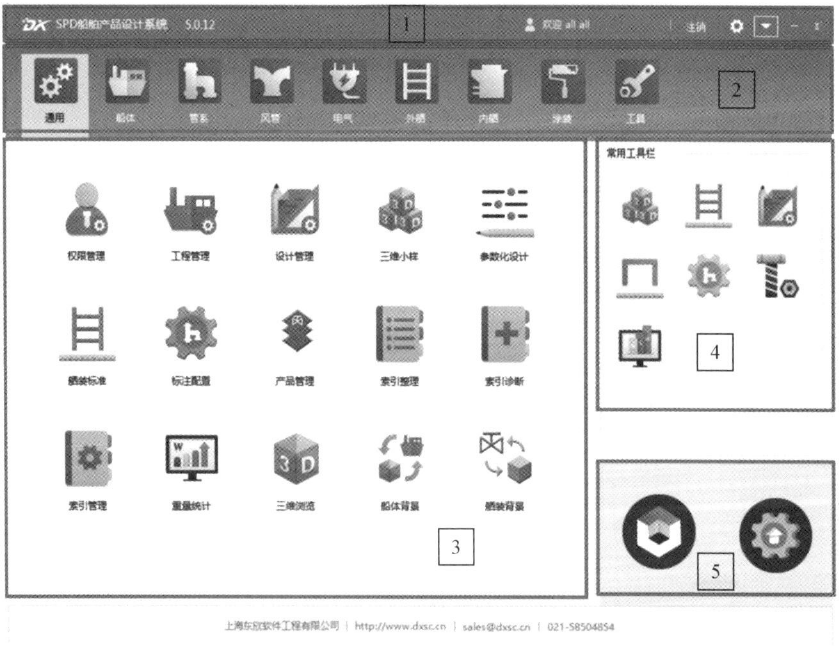

图 3.1　SPD 系统的用户交互界面

区域 1 显示系统的软件版本、登录信息以及系统设置，如图 3.2 所示。

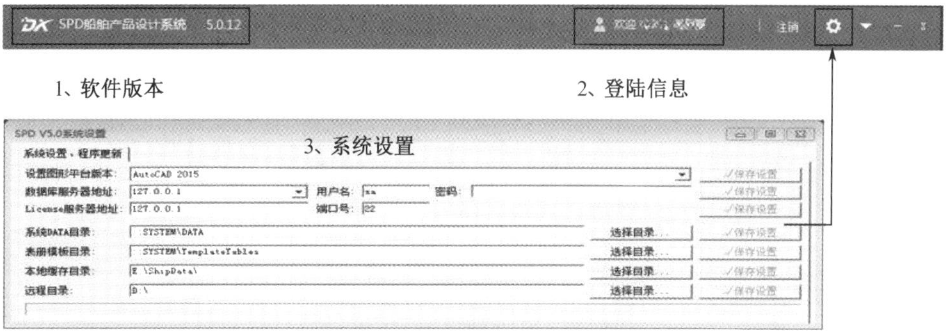

图 3.2　SPD 系统用户交互界面区域 1 功能

区域 2 按系统设置的权限不同，分为两类不同的操作界面。其中，第一类为权限内的所有专业的可操作界面，如图 3.3 所示；第二类是设置了“设计员” 权限的操作界面，如图 3.4 所示。

图 3.3　权限内的所有专业的可操作界面

图 3.4　设置了“设计员” 权限的操作界面

区域 3 为船舶生产企业进行船舶工程设计的各专业在 SPD 系统上操作的功能按钮。其特点是所有专业的设计操作都统一在此界面上，通过区域 2 的专业按钮进行专业间的一键切换，集中显示本专业的所有功能按钮，使操作用户一目了然，如图 3.5 所示。

区域 4 为常用工具栏。通过区域 1 的“”按钮，打开如图 3.6 所示的常用工具选择自定义界面，在自定义界面左侧的“专业模块配置”栏中“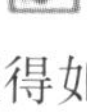”选常用工具。通过“”按钮，将其选入“专业工具栏”中，选取“保存”按钮，获得如图 3.7 所示的区域 4 常用工具栏。

区域 5 为交互建模和程序更新功能界面。“”按钮的功能是交互建模；“”按钮的功能是程序更新，当 SPD 系统程序有更新程序时，程序更新按钮将由灰色转为黄色“”，选取该按钮，则系统出现图 3.8 所示的对话框。

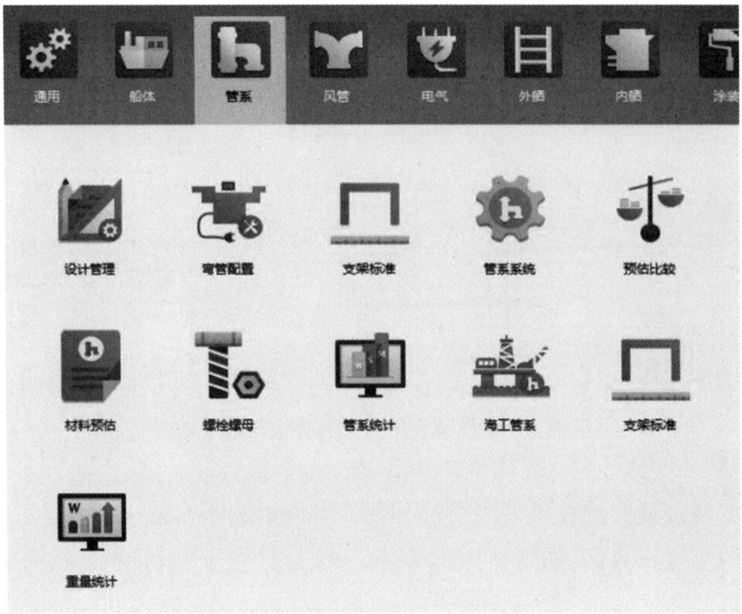

图 3.5　集中显示本专业功能按钮界面

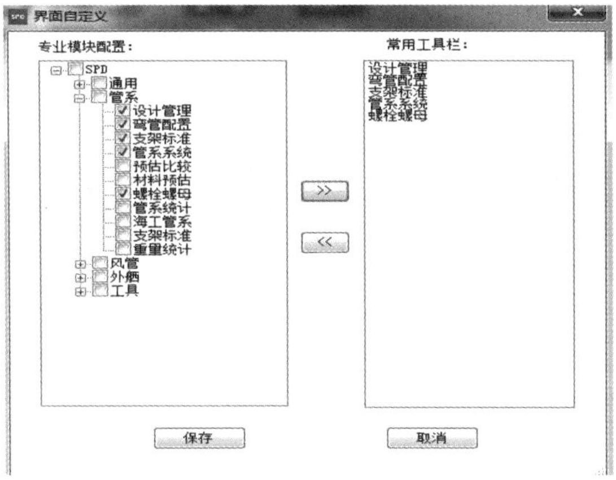

图 3.6　SPD 系统常用工具自定义界面

图 3.7　常用工具栏

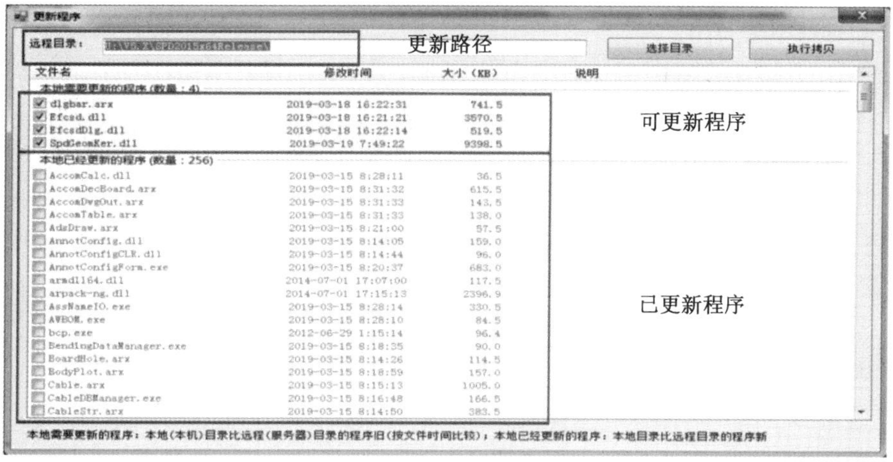

图 3.8　SPD 系统程序更新

用户在“更新程序”对话框选取“选择目录”按钮，选取更新程序的路径，此时“远程目录：”显示框中显示选取的程序更新路径，“文件名”栏中显示本地需要更新的程序名称及数量，在这些程序前的“□”框选内勾选需更新的程序，选取“执行拷贝”按钮，执行程序更新操作。

3.2　SPD 系统角色的分配与权限的管理

船舶与海工产品的设计是一项多专业、多管理部门协同创新的工作，需要各专业团队的并行协同。在此过程中，由于各专业团队人员在工程中所承担的任务不同，其所处的地位也各不相同，某重工集团设计研究院机构图如图 3.9 所示。

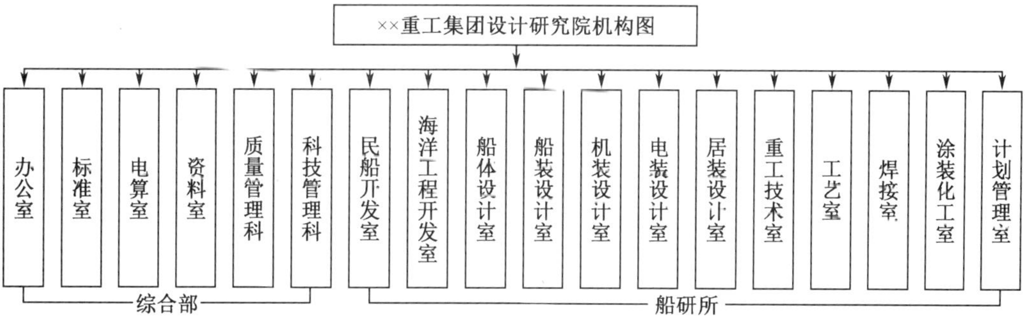

图 3.9　某重工集团设计研究院机构图

3.2.1　用户分类

SPD 系统中用户分为：系统管理员用户、安全保密员用户、安全审计员用户、权限审核员用户、系统数据管理员用户、工程数据管理员用户、小样建模员用户和设计员用户八种角色，前四种角色不可叠加，后四种角色可叠加。

系统管理员用户的工作权限是向系统中输入并定义用户。其可以修改自己和其他用户的口令、所属科室。该角色处于系统的应用顶层，同船舶与海工设计的专业无关。

安全保密员用户的工作权限是分配用户的角色，指定用户所参与项目设计的专业和项目工程的权限。其可以分配项目参与成员的角色，确定其在项目中所充当系统数据管理员用户、工程数据管理员用户、小样建模员和设计员用户等所属专业的相关角色（可多选）。该角色和专业无关。

安全审计员用户的角色与专业无关。其在项目中的权限主要是对参与项目的工程技术人员的合规性进行审查。

权限审核员用户可以通过或拒绝设定好的权限。该角色和专业无关。

上述四个管理员用户从 SPD 系统应用的顶层对参与项目的各专业工程技术人员进行了角色的分配与定义，以下四种管理员用户只能看到用户自身信息模块，查看自己的权限和修改自己的密码。

系统数据管理员用户的工作权限是负责 SPD 系统工作中相关系统数据库的管理。其可以进行图框符号库、系统部件库的管理等，需要指定所属专业（专业可多选）。

工程数据管理员用户的工作权限是负责工程相关数据库的管理。其可以进行该工程的数据管理，如原理数据的管理、定位面设置，参数化标准部件库管理、支架数据库定义等，需要指定所属工程和专业（专业可多选）。

小样建模员用户的工作权限是从事实体小样建模。其需要指定所属工程和专业（专业可多选）。

设计员用户的工作权限是从事交互设计工作。其需要指定所属工程和专业（专业可多选）。

3.2.2 SPD 系统各专业模块所对应的专业与角色

如前所述，SPD 系统的用户分为设计与管理两大类。对应于系统：船体、机装、管装、居装、甲装、电装和涂装等 7 个专业科室的 7 个专业模块为第一类（设计管理）。而对应于设计数据设置：设计开始前的数据与几何模型（VOL）管理，设计开始后的工程项目、工程数据、坐标基准、线型、几何小样、图册、统计报表管理，设计中期的出图模型与其他功能管理，以及出图图框设置的通用管理，统归于第二类（设计数据设置管理）。

1. 第一类：设计管理

船体设计模块所对应的专业是船体专业的技术人员，其在系统中充当的角色是工程数据管理员，通过数据库中预置的船体型材数据调用、修改、复制等操作，完成对船体结构三维设计的数据库对象的构建。其角色与可执行的程序如表 3.1 所示。

表 3.1 船体专业在系统中的角色与可执行的程序

专业	可执行程序	角色
船体	数据库对象复制	工程数据管理员

舾装标准设计模块所对应的专业人员主要是管装、居装、甲装和电装专业的技术人员，其在系统中充当的角色是对应专业的系统数据管理员、工程数据管理员、小样建模员，负责执行舾装标准、管理部件或批量导入管理部件。

在舾装标准设计模块中，系统数据管理员的工作主要是对船舶与海工装备内部的各系统进行命名，定义其颜色、材料属性，进行区域和分段模块的划分；工程数据管理员则是对设计的工程数据进行管理，定义舾装设计中的各类法兰、阀门、管接头、弯头、大小头、三通、四通、管支架、电缆托架等附件的名称，并对其数据，以及从其他项目导入的工程附件数据进行管理；小样建模员则是直接在三维 CAD 系统上进行上述舾装附件的三维建模。其角色与可执行的程序如表 3.2 所示。

表 3.2 舾装标准设计在系统中的角色与可执行的程序

专业	可执行程序	角色
管系、风管、铁舾件、电气	舾装标准、管理部件	对应专业的系统数据管理员、工程数据管理员、小样建模员
管系、风管、铁舾件、电气	舾装标准、管理部件批量导入	对应专业的系统数据管理员、工程数据管理员

管系设计模块所对应的专业人员是管装专业的技术人员，其在系统中充当的角色是对船舶与海工装备内部的各系统进行命名，定义其颜色、材料属性，进行区域和分段模块的划分；进行管道的空间放样，调用相关管路附件，完成管路系统的工艺设计、修改、删除等工程数据的管理维护，对设计好的管路进行材料重量与长度的预估和与实际使用材料的使用材质要求进行比较。其角色与可执行的程序如表 3.3 所示。

表 3.3 管系设计在系统中的角色与可执行的程序

专业	可执行程序	角色
管装	工程数据库管理	系统数据管理员、工程数据管理员
管装	材料预估	工程数据管理员
管装	材料预估比较	工程数据管理员

风管设计模块所对应的专业人员是居装、管装和机装等专业从事螺旋风管和机械通风方风管设计的专业技术人员。其在系统中充当的角色是对参数化部件库进行调

用、修改、复制等维护操作。其角色与可执行的程序如表 3.4 所示。

表 3.4　风管设计在系统中的角色与可执行的程序

专业	可执行程序	角色
所有专业	参数化部件库	所有用户

铁舾件设计所对应的是管装、机装、居装、电装和甲装等专业从事系统工艺设计利用铁舾件进行相关管路、电缆固定，托架、基座、梯台、扶手布置工作的专业技术人员。其在系统中充当的角色是对参数化部件库进行调用、修改、复制等维护操作。其角色与可执行的程序如表 3.5 所示。

表 3.5　铁舾件设计在系统中的角色与可执行的程序

专业	可执行程序	角色
所有专业	参数化部件库	所有用户

电气设计所对应的是电装专业从事电缆放样工艺设计的专业技术人员。其在系统中充当的工程数据管理员的角色主要是负责对电缆标准数据库的管理、电气原理的输入；同时，在电气设计模块中还允许所有用户对电缆连接件等参数化部件库进行调用、修改、复制等维护操作。其角色与可执行的程序如表 3.6 所示。

表 3.6　电气设计在系统中的角色与可执行的程序

专业	可执行程序	角色
电气	电缆标准管理	工程数据管理员
电气	电气原理输入	工程数据管理员
所有专业	参数化部件库	所有用户

涂装设计所对应的是涂装专业从事涂装设计的工程技术人员。其在系统中充当的工程数据管理员的角色主要是维护和查询涂装标准数据库，依据规范和船东的要求，设计不同区域的涂装涂料配方、用量、环境要求等。其角色与可执行的程序如表 3.7 所示。

表 3.7　涂装设计在系统中的角色与可执行的程序

专业	可执行程序	角色
涂装	涂装标准	工程数据管理员

2. 第二类:设计数据设置管理

当设计人员进入交互设计界面后,在选择了要进行工程设计的项目,尚未打开项目进行交互设计前,需先对工程与模型数据进行一定的维护操作管理,各设计专业的系统数据管理员可以进行设计标准数据的整理,几何模型小样(VOL)的结构外形的调整,相同外形几何模型小样(VOL)的合并,对无关数据的批量删除,对项目设计的进展进行统计;交互设计的所有专业用户对参与的工程项目进行选择,进入相应的承担项目,对工程数据模型进行维护。其角色与可执行的程序如表 3.8 所示。

表 3.8　设计开始前各专业的数据管理角色与执行的功能模块

功能模块	专业	角色
工程与模型管理	所有专业	所有用户
数据管理	所有专业	系统数据管理员
VOL 小样管理	所属专业	系统数据管理员
合并 VOL 小样库	所属专业	系统数据管理员
批量删除	所属专业	系统数据管理员
统计报表	所属专业	系统数据管理员

当设计人员进入交互设计界面,需选择或关闭所要从事的设计工程,进入工程进行设计,或离开工程结束工作。在此过程中,所有的用户均能对工程与模型数据进行管理;软件中定义的各科室的工程数据管理员除能够创建和删除工程数据外,还能对坐标定位面、型线、二维背景图、设计数据、小样几何模型(VOL)、管路原理图、统计报表进行维护与管理,对无用的方案图、数据、重复的小样几何模型(VOL)进行批量删除;设计员用户能够打开或关闭所选择的工程,调用二维背景图、对出图图册和模型数据进行管理;小样建模员能够对管路附件、风管模型、电气附件和铁舾件等小样几何模型(VOL)进行维护管理。其角色与可执行的程序如表 3.9 所示。

表 3.9　进入工程后各专业的数据管理角色与执行的功能模块

功能模块	专业	操作角色
工程与模型管理	所有专业	所有用户
工程管理	所有专业	工程数据管理员(创建、删除)
打开、关闭	所有专业	设计员用户(打开、关闭)
坐标定位面	所有专业	工程数据管理员
型线管理	所有专业	工程数据管理员

表 3.9(续)

功能模块	专业	操作角色
二维背景图	所有专业	工程数据管理员、设计员用户
图册管理	所属专业	设计员用户
模型管理	所属专业	设计员用户
数据管理	所有专业	工程数据管理员
VOL 小样管理(管子、风管、电气、铁舾件)	所属专业	工程数据管理员、小样建模员
合并 VOL 小样库	所属专业	工程数据管理员
批量删除	所属专业	工程数据管理员
统计报表	所属专业	工程数据管理员
管子原理图处理	管子	工程数据管理员

图纸是船舶制造企业进行生产指导与各专业协调交流的语言,图纸上的信息通过工艺设计的模型在图面上表达,生产向车间和现场传递船舶或海工装备制造从托盘零件到小构件、部件、组件、小分段、分段、环段、预舾装、内舾装与外舾装等生产过程的零部件组装的次序、位置、前后关联关系。因此,各科室的设计员用户均能用三维设计模型在二维图面上创建、删除和编辑,表达图纸在生产中的工艺操作意图,对相应的结构尺寸进行标注,编辑相应的说明等;同时,各科室的所有用户为了更好地描述图纸上的生产指导意图,也能对三维模型在二维图纸上描述生产工艺工程进行操作。其角色与可执行的程序如表 3.10 所示。

表 3.10 创建图册,进入图册后各专业的数据管理角色与执行的功能模块

功能模块	专业	操作角色
模型管理	所属专业	设计员用户(创建、删除、当前、编辑)
	所有专业	所有用户(其他操作)
其他功能	所属专业	设计员用户

图框是承载图面,约束图形大小比例,描述图形结构尺寸的载体。图框上的标题栏,标记了图纸企业、科室、设计名称、设计者、审核者与批准者的信息,是各科室用户均要使用的通用功能,它允许各科室所有专业的设计员用户对图框进行相应信息的调入、显示、隐藏维护操作;允许各科室所有专业的系统数据管理员对图框进行保存、复制、删除操作;允许各科室所有用户对图框内的其他说明等功能需求进行标准操作。其角色

与可执行的程序如表 3.11 所示。

表 3.11　通用功能各专业的数据管理角色与执行的功能模块

功能模块	专业	操作角色
图框管理	所属专业	设计员用户(调入、显示、隐藏)
	所属专业	系统数据管理员(保存、复制、删除)
其他功能	所有专业	所有用户

3.3　SPD 系统的工程创建与用户专业及角色分配定义操作

在 SPD 系统安装后,如果要启动权限管理,须向开发商索取开启文件 key.dat,通过使用缺省操作者代码和口令,打开权限管理对话框。否则无法使用权限管理。需要指出,SPD 系统一旦启用了权限管理,进行了登录,将无法取消权限管理。

SPD 系统如果要使用权限管理,需启动 Windows 界面之上的 SPD 系统运行界面,如图 3.10 所示。选取“确定”按钮,系统将启动登录对话框,如图 3.11 所示,提示用户输入操作者的“帐号”和“密码”,选取“确定”按钮后,系统将会把登录者的信息读入系统,启动用户交互界面(图 3.1)。在启动界面上,系统将会根据用户的权限显示所属专业,无权的专业不显示。在之后的用户操作中均依据对其定义的权限加以判断,决定操作者(专业和角色)是否有权操作?

图 3.10　SPD 系统运行界面

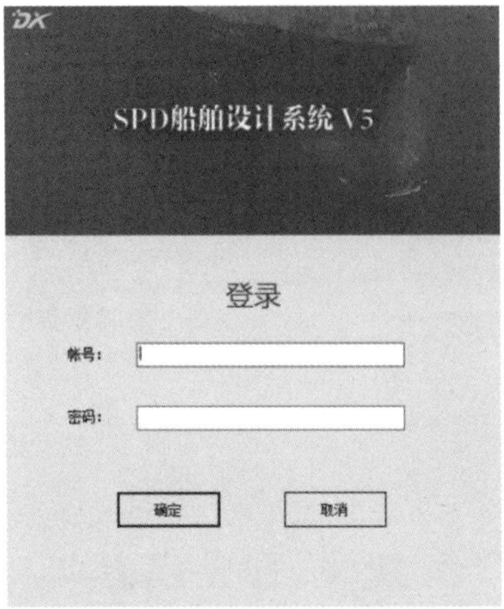

图 3.11　登录界面

在练习培训状态，系统将不设置用户，即没有启动权限管理，此时，系统将不显示登录对话框，该使用者可进行任何操作。

系统进入如图 3.1 所示用户界面后，选取权限管理“ ”按钮，系统将进入用户权限设置界面，如图 3.12 所示。如果用户是以系统管理员的身份登录，此时，系统界面上只能看到用户输入模块菜单；如果用户是以安全保密员的身份登录系统，则此时，系统界面上可以看到角色分配、工程权限和系统配置模块菜单；如果用户是以权限审核员的身份登录系统，则用户只能看到权限审核模块菜单，具体描述如下。

图 3.12　用户权限设置界面

3.3.1　用户输入

在系统权限设置界面上选取“用户输入”菜单，系统进入如图 3.13 所示对话框，在此对话框内，用户可以看到所有已定义的用户列表。

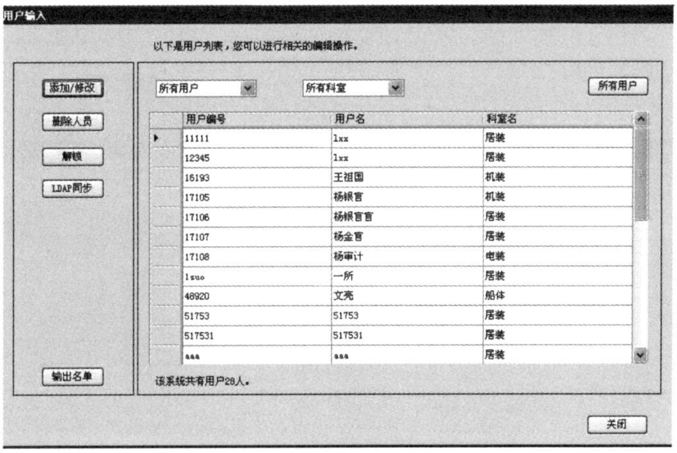

图 3.13　用户输入界面

通过该功能，管理者用户可以在系统中依据设计与管理的需要添加、修改或删除用户，同时还可以输出用户名单。在此界面内选取“添加/修改”按钮，如果列表中没有所要选择的用户，则系统默认为是添加新用户，系统显示如图 3.14 所示对话框，如果在列表中可以选择用户，则系统默认为是修改用户信息。在该界面内，管理者用户可以输入用户的编号、名字、密码、选择所需科室。

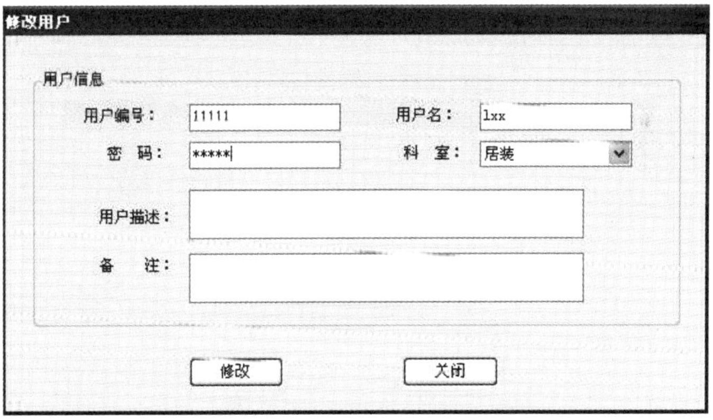

图 3.14　修改用户界面

如果在列表中选择了用户，管理者用户选取“删除人员”按钮，则系统将删除被选中的该用户。

如果管理者用户在登录时连续输入三次信息都不对，则系统会自动锁定该管理者用户的账号，此时，管理者用户只有选择“解锁”按钮，方可解除对其用户账号的锁定。

选取“输出名单”按钮，系统则会以 Excel 表的形式将所有用户的信息输出到系统目录下的 output 文件夹中。

3.3.2 角色分配

管理者用户选择“角色分配”菜单，系统显示如图 3.15 所示对话框，操作者可以看到所有已定义的用户列表。

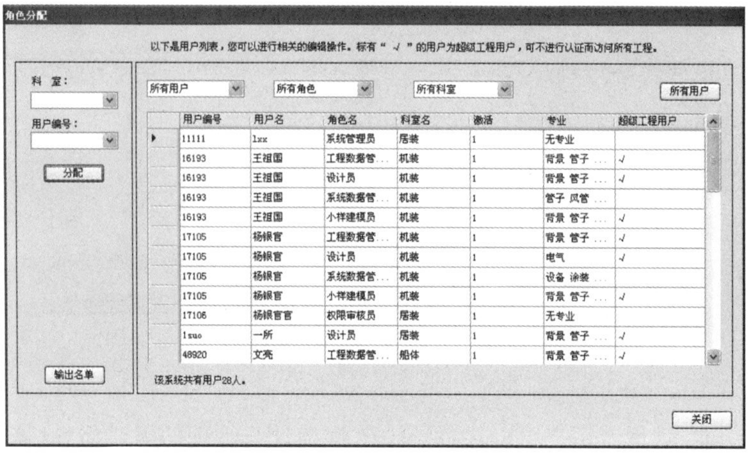

图 3.15　角色分配对话框

管理者可以通过该功能为用户分配权限，通过对话框左侧的“科室”和“用户编号”，或者在右侧的表中选择用户，选取“分配”按钮，系统显示如图 3.16 所示对话框。在该对话框界面内可以指定角色和对应专业（可多选）以及勾选是否为超级工程用户（可以对所有工程都有绝对权限）。

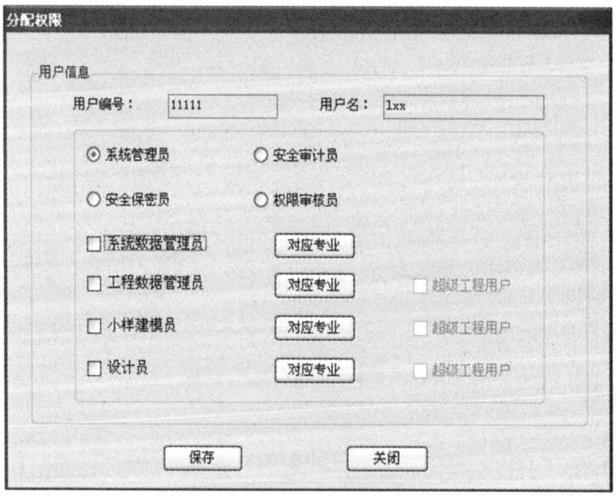

图 3.16　分配权限

同样，选取“输出名单”按钮，系统会将所有用户的信息通过 Excel 表的形式输出到系统目录下的 output 文件夹中。

3.3.3 权限审核

管理者用户选取“权限审核”菜单,系统显示如图 3.17 所示对话框。通常情况下,新添加的用户一定要经过权限审核员的审核通过方可有效。在选择框中勾选,然后选取“通过”按钮即可。

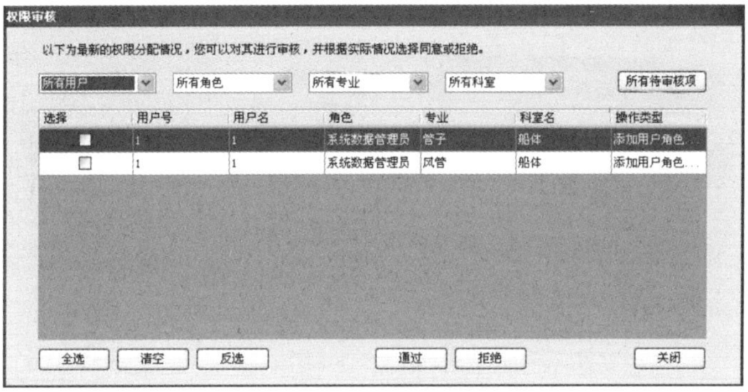

图 3.17 权限审核

3.3.4 工程权限

管理者用户选取“工程权限”菜单,系统显示如图 3.18 所示对话框。“选择工程”“选择科室”,管理者用户可在列表中看到用户相关信息;通常超级工程用户不需要设定工程权限,自动默认具有“写权限”,普通用户则需要先选该用户,再勾选“写权限”,再选取“保存”按钮,即可定义该用户对该工程具有处理的权限。

图 3.18 工程管理

在该操作界面中,管理者用户还可以定义一般用户在系统中对“图册”“模型”“分段”和“区域”的权限,选取“图册设置”按钮,系统显示如图 3.19 所示的对话框,管理者用户可以看到,在“图册管理_图册用户信息维护”对话框的左侧列表栏中将显示该工程项目下所选定的该科室下的所有图册,右边则显示可以处理该工程的用户,同时选择“图册名”和“用户”,并勾选“写权限”选项,再选取“保存”按钮,即可定义该用户对该图册具有处理权限。其他:“模型管理_模型用户信息维护”“分段管理_分段用户信息维护”“区域管理_区域用户信息维护”三个权限定义操作类同,如图 3.20、图 3.21、图 3.22 所示。

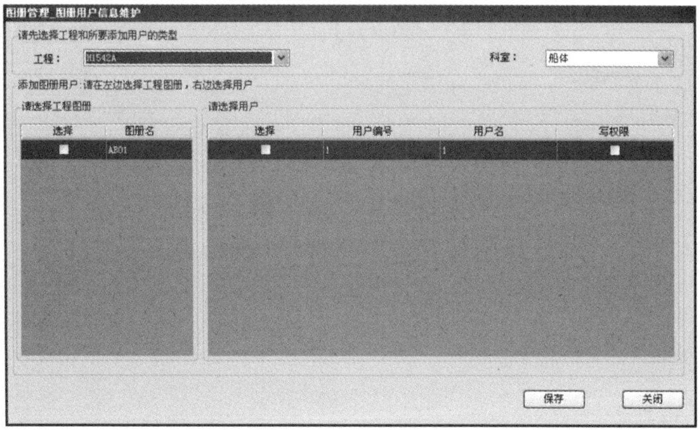

图 3.19　图册管理_图册用户信息维护

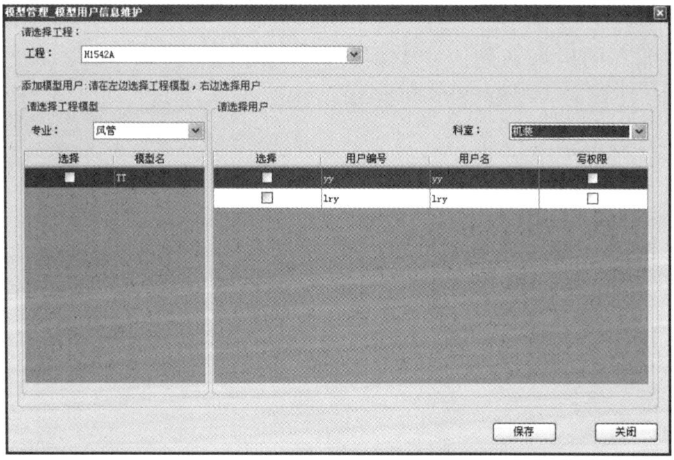

图 3.20　模型管理_模型用户信息维护

3.3.5　系统配置

管理者用户选取“系统配置”菜单,系统显示如图 3.23 所示对话框。该对话框的功能是管理者用户可以通过该对话框给其他用户分配角色,定义这些用户所能处理的模块,对话框左边的列表框中是该角色不能处理的功能模块,右边的列表框中是该角色可以处理的功能模块。

对话框界面下方是系统认证配置选项,分别配置“认证模式”和“认证粒度”。无

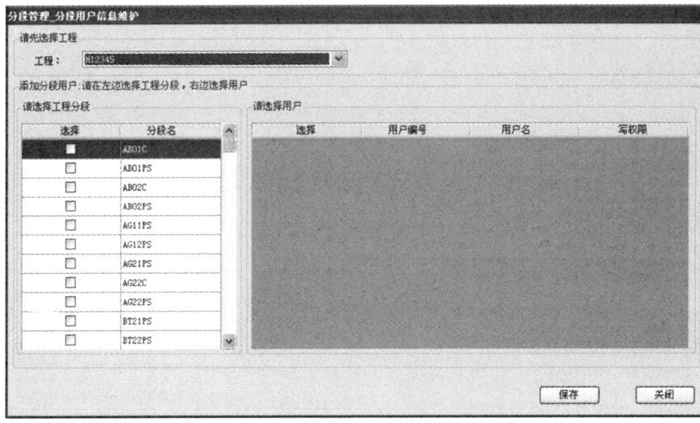

图 3.21　分段管理_分段用户信息维护

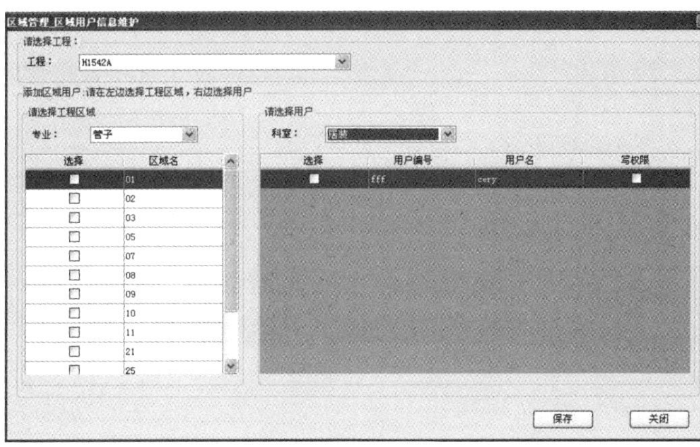

图 3.22　区域管理_区域用户信息维护

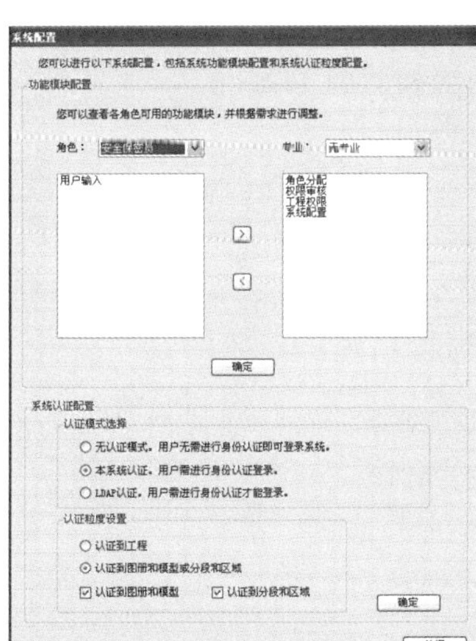

图 3.23　系统配置

"认证模式"则无须启用权限管理,此系统认证配置下,任何人都可以进入 SPD 系统处理任何模块;如系统用户需要进行认证,则管理者用户需要通过 SPD 系统的认证模块,定义用户的角色和权限。而认证粒度,则是将用户的认证定义到其可以操作的工程,在其所能操作的工程内定义该用户的角色与权限;同时只要该用户对该工程具有权限,则该工程下的所有图册和模型其均有权限进行维护操作;如果管理者用户对系统内用户认证定义到"图册""模型""分段"和"区域",则对该用户不仅要定义其对"工程"的权限,还要定义其对"图册"和"模型"的权限或"分段"和"区域"的权限。

3.3.6 用户自身信息

管理者用户选取"用户自身信息"菜单,系统显示如图 3.24 所示对话框。该模块所有用户皆可操作,用于查询用户自身信息,在此对话框内可以看到自身具有哪些角色,可以处理哪些专业、工程、图册和模型。

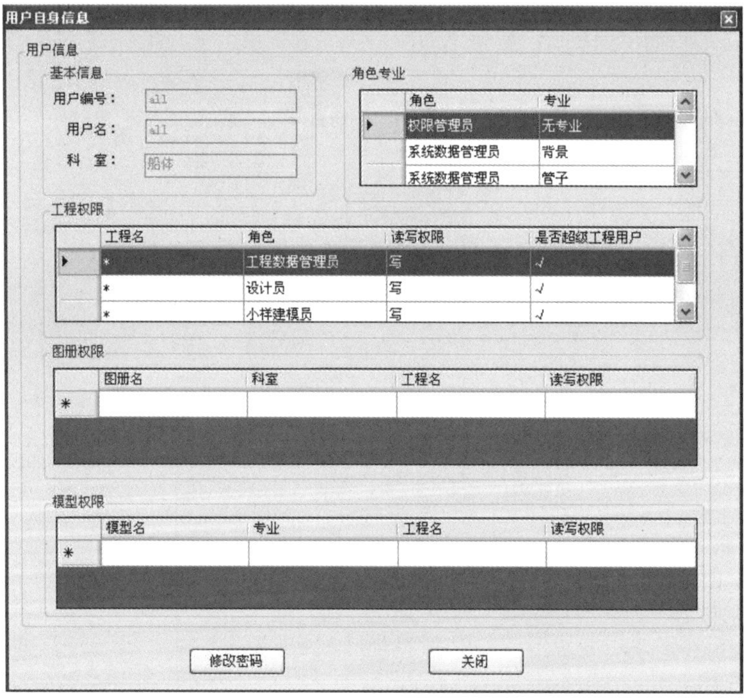

图 3.24 用户信息

3.4 SPD 系统的工程管理

工程管理模块主要用于统一管理 SPD 系统所创建的工程项目，实现对工程的创建、冻结、删除等基本功能。帮助项目管理人员，清楚掌握所有工程目前的实施状态，对工程中的文件、数据库等数据进行导出和导入，进行工程升级、迁移、备份和还原。

在 SPD 系统主界面上选取“ ”图标，启动工程管理程序界面，如图 3.25 所示。

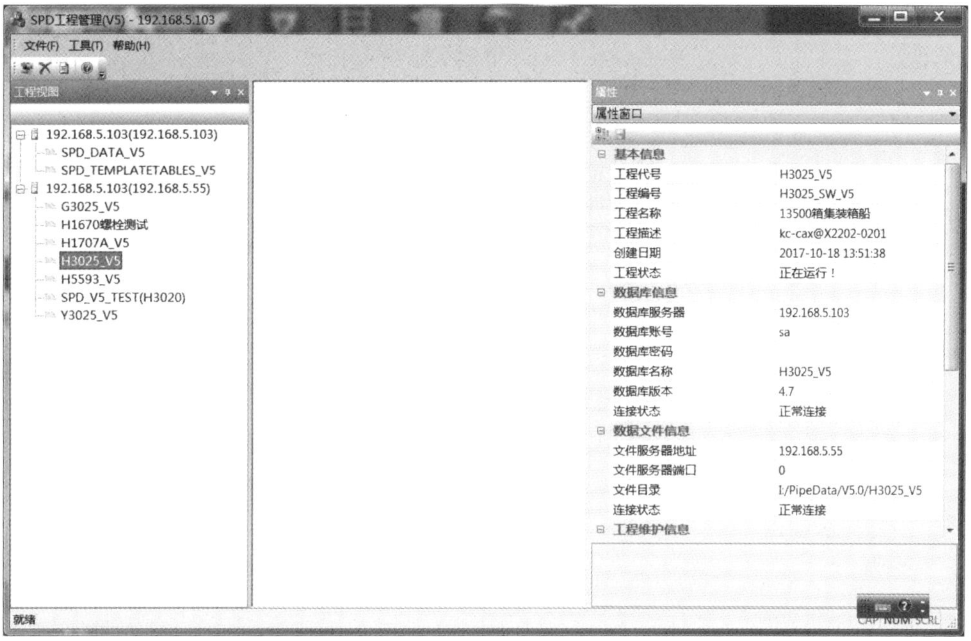

图 3.25　SPD 工程管理

在工程管理工具条“ ”中，包括：“ ”连接、“ ”删除、“ ”查看按钮。

选取“连接”按钮，系统显示连接的 SPD 系统服务器内的所有工程项目，在系统主界面左侧“工程视图”中，以产品结构树的形式列出所有的工程。选取产品结构树中某一“工程”，则在系统界面右侧的“属性窗口”中，显示该工程的基本属性。

图 3.25 对话框的“工程视图”产品结构树分两层：第一层显示该工程的文件和数据库所存放的服务器地址；第二层是工程代号。

选取“删除”按钮，系统将删除已经冻结的工程，为服务器腾出存储空间。为防止误操作，删除工程之前，项目管理者用户先要冻结工程。

选取“查看”按钮，项目管理者用户能够查看当前使用工程中所有用户所进行的所有操作。

“工程视图”结构树第二层的“SPD_DATA_V5”：表示系统数据库和文件所存放的服务器地址及 SPD 系统服务端所在的服务器。客户端通过主界面上“系统配置”功能正确配置服务器地址后,此处将正确显示。

“工程视图”结构树第二层的“SPD_DATA_TEMPLATETABLES”:表示工程模板数据库所在的服务器地址,创建工程时,为服务该工程的模板提供数据结构与数据。用户可以根据需要修改该模板库中的标准,当新建工程时,该工程模板数据库结构及数据将缺省被拷贝到该新建工程的模板库中。

“工程视图”结构树第二层的“H3025_V5”:表示工程代号是“H3025_V5”,工程编号为“H3025”,工程名称为“13500 箱集装箱船”,其存储数据的数据库服务器地址为:“192. 168. 5. 103”,文件服务器地址为:“192. 168. 5. 55”。

第 4 章　SPD 系统新建工程管理

SPD 系统是从事船舶与海工装备工艺设计的软件平台，因此，其设计管理以工程项目为导向，通过新建工程，将船舶与海工装备企业设计院的各科室人员在新建工程项目中赋予角色与权限，共同围绕该新建工程项目进行并行设计，以完成船舶或海工装备在整个建造周期内各阶段的工艺设计。

4.1　SPD 系统新建工程

4.1.1　SPD 系统新建网络工程

在工程管理主界面的工程树上，利用鼠标右键快捷键，选取“工程视图”结构树第一层，数据库服务器的数据库地址，系统弹出“新建工程”快捷菜单，如图 4.1 所示。

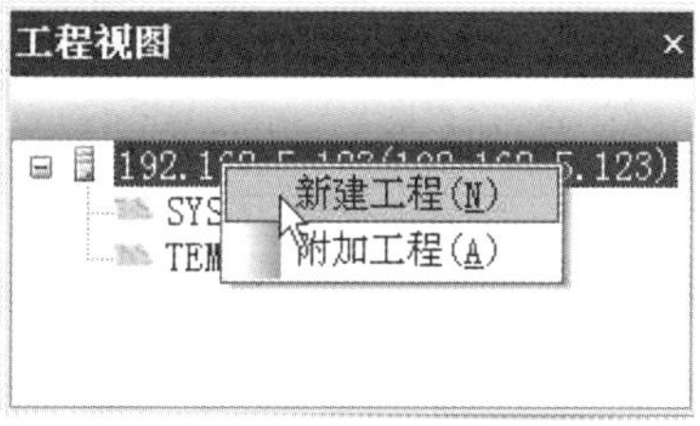

图 4.1　新建工程快捷菜单

用户选取“新建工程”子菜单后，系统显示如图 4.2 所示“新建工程”对话框。在此对话框内，“工程代号”为工程的标识符，在系统中，所有的工程中其工程代号必须唯一，如“TEST”；“工程编号”为船舶或海工装备设计中所使用的工程编号，如“TEST_BH”；“工程名称”为船舶设计中所使用的工程名称，如“88000 吨散货船”；“数据库地址”为存放数据的工程数据库所在服务器的 IP 地址，如“192.168.5.103”；“数据库账号”为工程数据库的账号，如“sa”；“数据库密码”为工程数据库的密码，如“CD7A3E10B31CE91A”；“文件服务器”为工程文件所在服务器的 IP 地址，如“192.168.5.55”；“端口”为文件服务程序使用的端口，缺省值是 51215；“工程目录”为文件服务器上的一个有效目录，如“D:\ShipData\TEST”；“参考工程”为新建工程项目时参考的以往工程，系统将拷贝以往工程的所有数据到新建的工程项目存放数据文件的数据库地址内。值得注意的是，新建工程后，不允许用户修改工程代号。如图 4.3 所示实例。用户在“新建工程”对话框内填上相应的“工程代号”“工程编号”“工程名称”等内容后，选取“新建”按钮，SPD 系统就完成了“新建网络工程”。

图 4.2　新建工程

图 4.3　新建网络工程实例

4.1.2　SPD 系统新建单机工程

用户在“新建工程”对话框内勾选“单机工程”。选择新建单机工程后，数据服务器的“数据库地址”被默认为“.”，文件服务器的“文件服务器地址”被默认为

“127.0.0.1”,其余与网络工程设置一致,如图 4.4 所示。

图 4.4　新建单机工程实例

4.2　SPD 系统的工程属性

工程属性,是用户查看当前工程项目的基本工程状态,其功能是显示并修改该工程的基本属性信息。其操作方法是在“工程视图”结构树第二层,选中需要查看的工程项目,用鼠标右键打开系统快捷菜单,如图 4.5 所示,选取快捷菜单中的“导出数据”菜单,系统将打开需要查看的工程项目的属性对话框,如图 4.6 所示。

当工程所在的服务器迁移之后,也可以通过修改工程属性,实现对该工程的访问和管理。在工程管理主界面的工程树上单击所需修改的工程,如“zw 测试”。

在工程属性对话框内,其基本信息,除了“工程名称”可以修改外,其他项都不允许修改。其“工程代号”是 SPD 系统管理工程使用的唯一编号,“工程数据库名”也使用该名称;“工程编号”为实际设计的船舶工程编号;“工程名称”为实际设计的船舶工程名称;“工程描述”为工程的创建人员及机器名;“创建日期”为工程的创建时间。

“数据库信息”管理的是工程对应 SQLSERVER 的数据库服务器、账号和密码。“数据库服务器”为工程数据库所在的 SQLSERVER 服务器地址;“数据库账号、密码”,为 SQLSERVER 的账号与密码;“数据库名称”,为 SQLSERVER 的数据库名(使用工程代号)。

“数据文件信息”管理的是工程所在文件的服务器信息。“文件服务器地址”,为工程文件所在的服务器地址;“文件服务器端口”,为工程文件所在的服务器所使用的端口好,其缺省值为“5020”;“文件目录”,为工程文件存放所在的文件夹目录,当文件目录被修改后,"🖫"保存按钮将被激活,选择其即可将工程文件存放文件夹目录更改为设定的文件夹目录。

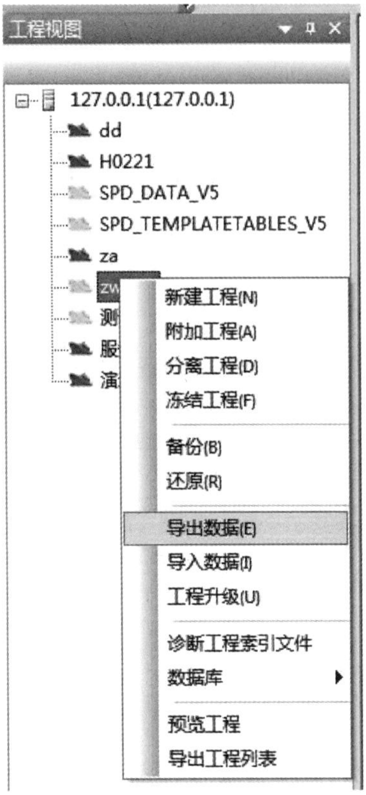

图 4.5　工程视图系统快捷菜单

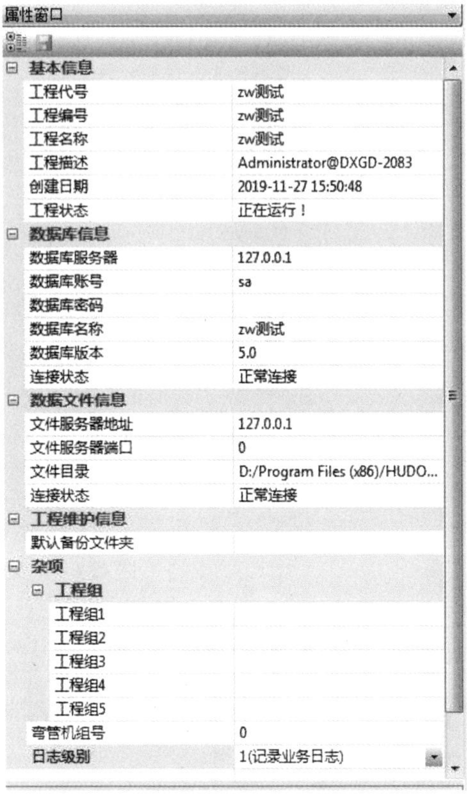

图 4.6　工程属性窗口

工程视图系统快捷菜单中包含了"新建工程(N)、附加工程(A)、分离工程(D)、冻结工程(F)、备份(B)、还原(R)、导出数据(E)、导入数据(I)、工程升级(U)、诊断工程索引文件、数据库▶、预览工程、导出工程列表"等 13 项对所建工程的"基本信息""数据库信息"和"数据文件信息"的操作。

4.2.1　附加工程快捷菜单

附加工程快捷菜单的功能是用于将分离后的工程数据重新链接到工程列表中,形成可随时调用的数据库信息和数据文件信息。其操作是利用鼠标右键快捷键,选取"工程视图"结构树第一层,数据库服务器的数据库地址,系统显示如图 4.7 所示快捷菜单,选取"附加工程"快捷菜单,系统进入如图 4.8 所示"附加工程"管理主界面。

如图 4.9 所示,填写工程数据后,选择"附加"按钮,即可将选中的数据库服务器中,数据库地址内的数据附加到工程目录所设定的文件夹中。

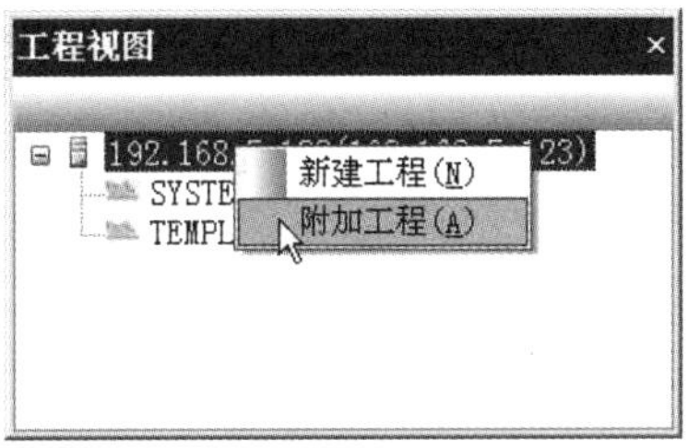

图 4.7　附加工程快捷菜单

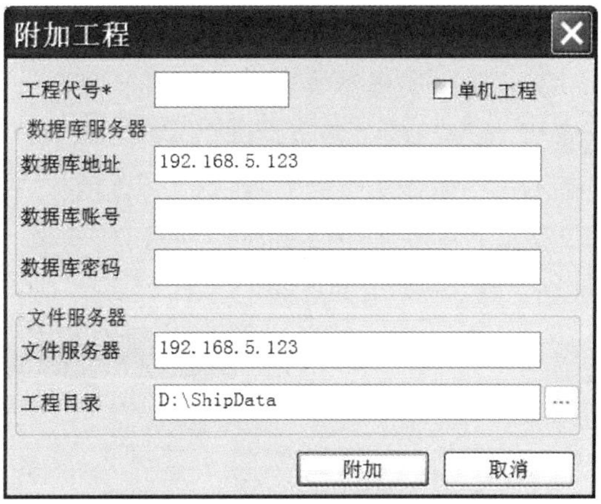

图 4.8　附加工程管理界面

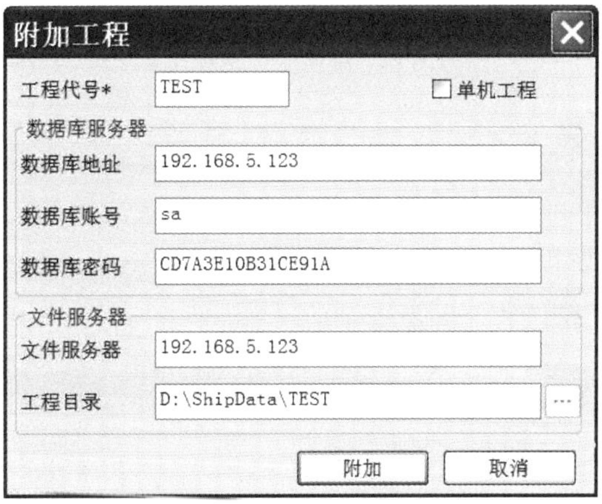

图 4.9　附加工程数据填写

4.2.2　分离工程快捷菜单

分离工程功能用于将工程数据从工程列表中分离。分离后的工程在客户端中将不可见。在工程管理主界面的工程树第二层上选取目标对象，利用鼠标右键快捷菜单，系统显示如图 4.10 所示快捷菜单。选取“分离工程”子菜单并选择“是”即可分离工程。

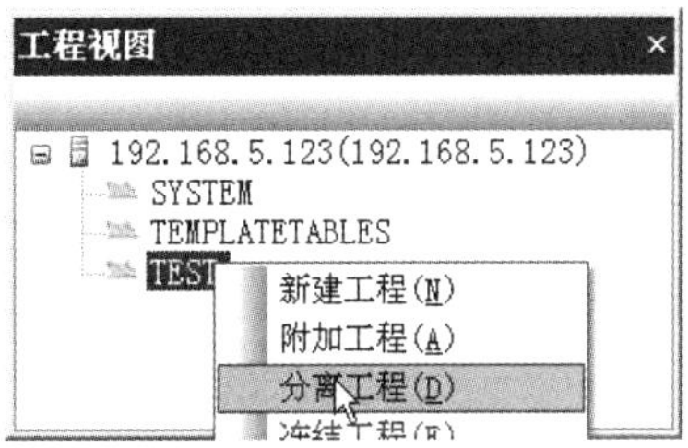

图 4.10　分离工程快捷菜单

4.2.3 冻结工程快捷菜单

为了防止误操作导致工程数据被删除而引起的重大损失，工程在被删除之前需要先冻结，冻结后的工程将在客户端中不可见。建议冻结工程一段时间，确认所有设计人员都不再使用该工程后，再将该工程删除。其操作为在工程管理主界面的工程第二层树上选取目标对象，利用鼠标右键快捷菜单，系统显示如图 4.11 所示快捷菜单。选取“冻结工程”子菜单并选择“是”即可冻结工程。

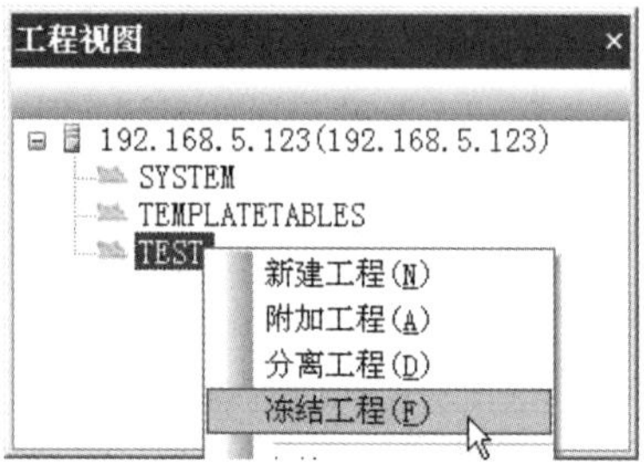

图 4.11 冻结工程快捷菜单

4.2.4 删除工程

删除工程功能用于将工程数据完全删除。只有已被冻结的工程才能被删除。选取功能按钮“”，系统显示如图 4.12 所示对话框。选取已冻结的工程项目，然后选取对话框中的“删除”按钮，系统将删除已冻结的项目。

图 4.12 已冻结工程

4.2.5 导出工程数据快捷菜单

导出工程数据功能用于导出工程的图册、模型和各类配置文件及数据库。在工程管理主界面的工程树的第二层上选取目标对象，利用鼠标右键快捷菜单，系统显示如图

4.13所示快捷菜单,选取"导出数据"快捷菜单,系统显示如图4.14对话框。选中所需导出数据的工程,如TEST,在对话框的"导出目录"设置项中选取"设置目录"按钮,设置工程的导出目录。选取"打开工程"按钮,将读取工程数据并初始化信息,如图4.15所示,选择所需导出的数据后,选取"导出"按钮即可完成导出工作。

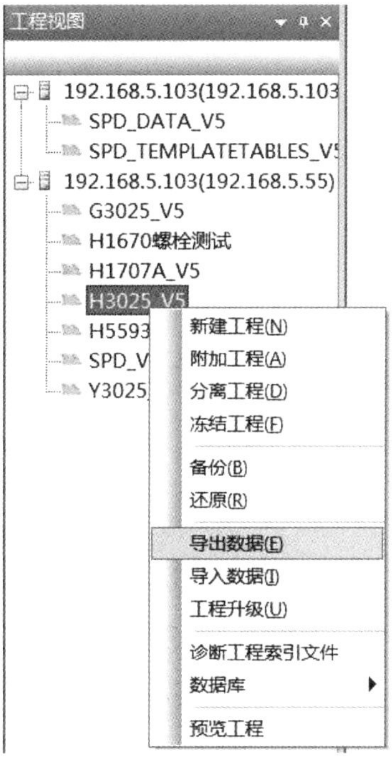

图4.13 导出数据

图4.14 工程导出

图 4.15　打开工程

4.2.6　导入工程数据

导入工程数据功能用于从外部导入图册、模型和各类配置文件及数据库。在工程管理主界面的工程树上的第二层上选取目标对象,利用鼠标右键快捷菜单,系统显示如图 4.16 所示快捷菜单,选取“导入数据”快捷菜单,系统显示如图 4.17 对话框。在“源工程”设置中选取“打开”按钮,选取所需导入数据的源工程,如“TEST”,如图 4.18 所示,将其导入“目标工程”设置中,如“TEST2”,选取“打开”按钮,系统显示如图 4.19 所示对话框,选取“导入”按钮,完成导入工程数据操作。

导入工程数据功能根据导入来源分为 3 种:导入现有工程的数据、导入原先导出的数据、导入原先备份的数据。

(1) 导入现有工程的数据

如图 4.18,选取“源工程”下拉列表框,选取“TEST”为现有工程。选择工程“TEST”后,并打开源工程和目标工程后,如图 4.19 所示,在源工程中勾选所需导入的数据后,选取“导入”按钮即可完成导入操作。

(2) 导入原先导出的数据

在“源工程”下拉列表框中选择“选择工程文件夹”后,系统显示“浏览文件夹”对话框,如图 4.20 所示。选取“确定”按钮,并打开源工程和目标工程后,系统显示如图 4.21 所示对话框。选取“目标工程”表框中的“
”,再选取“导入”按钮即可完成导入操作。

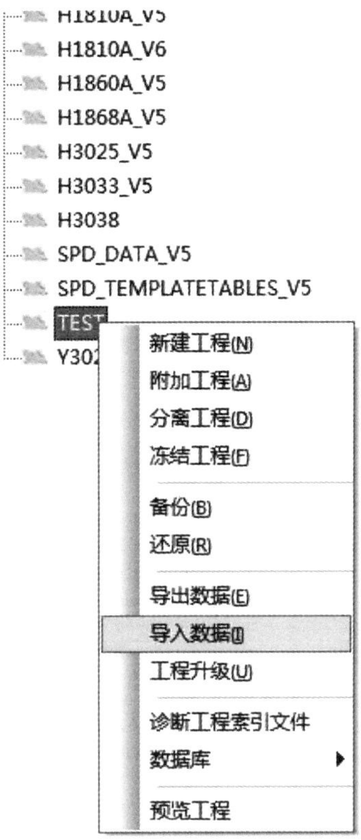

图 4. 16　导入数据

图 4. 17　工程导入

图 4.18 选择源工程

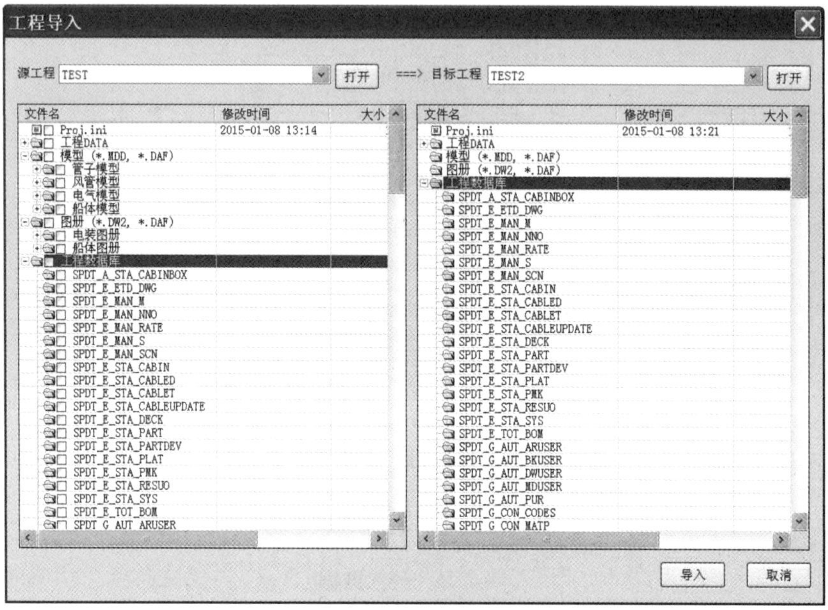

图 4.19 工程导入

图 4.20 浏览文件夹

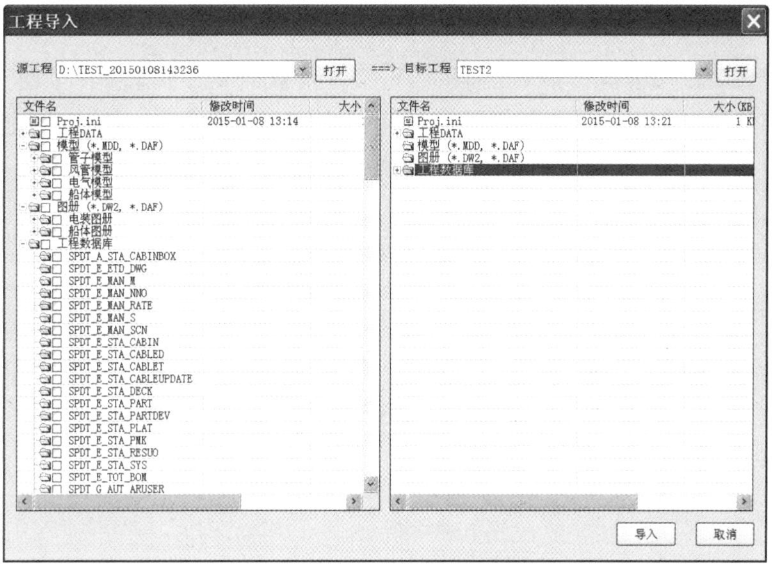

图 4.21　导入原先导出的数据

(3) 导入原先备份的数据

在源工程下拉列表框中选择“选择工程备份文件”后,系统显示“选择备份文件”对话框并选择备份文件后,系统显示如图 4.22 所示对话框,再选取“导入”按钮即可完成导入操作。

图 4.22　选择工程备份文件导入

4.2.7 工程升级

工程升级功能用于备份整个工程的工程文件及数据库。事先需在工程管理主界面的工程树第二层上选取需升级的低版本工程数据，然后通过“导入数据”快捷菜单，将低版本数据导入新工程，完成工程数据升级，如“TEST”，其操作是利用鼠标右键，系统显示如图 4.23 所示快捷菜单。选中快捷菜单“工程升级”后，系统显示如图 4.24 对话框，选择所要升级的内容，选取“升级”按钮即可执行升级操作。

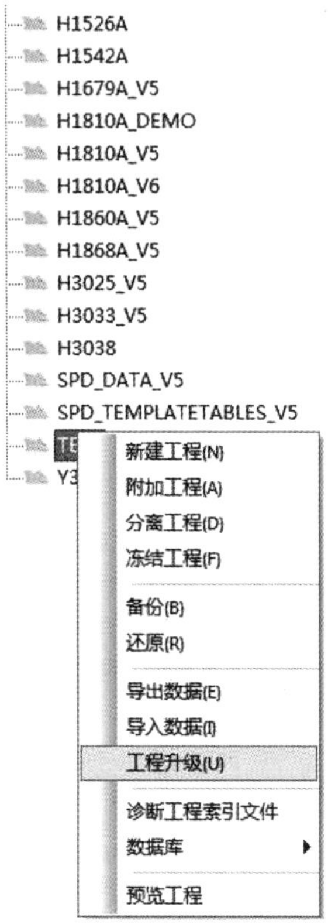

图 4.23 工程升级菜单

4.2.8 工程数据备份

工程数据备份功能用于备份整个工程的工程文件及数据库。在工程管理主界面的工程树第二层上，选中所需备份的工程，如“TEST”，其操作是利用鼠标右键，系统显示如图 4.25 所示快捷菜单。选中快捷菜单“备份”后，系统显示如图 4.26 所示对话框，选择所要备份的工程代号及备份目录，再选取“确定”按钮，即可执行备份操作。

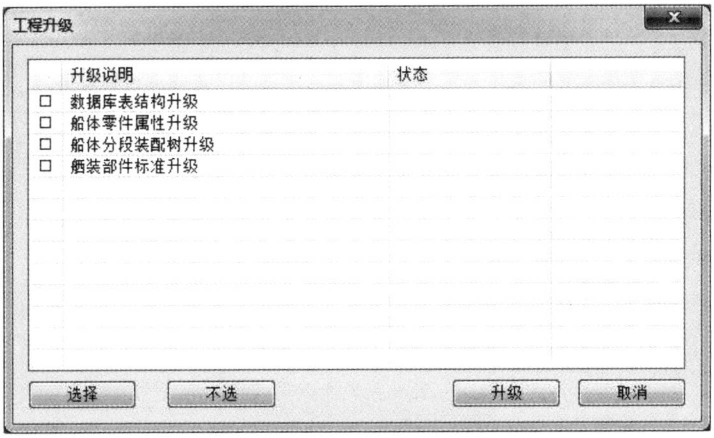

图 4.24　工程升级对话框

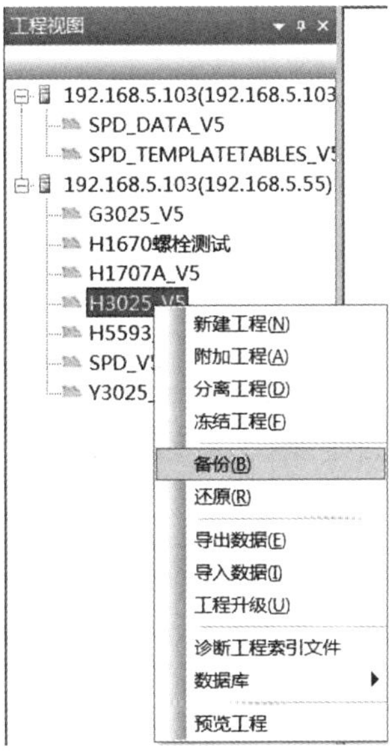

图 4.25　备份工程数据菜单

图 4.26　工程备份对话框

4.2.9 工程数据还原

工程数据还原功能用于还原整个工程的工程文件及数据库为原先的某个备份版本。其操作是，在工程管理主界面的工程树第二层上，选中所需还原的工程，如“TEST”，利用鼠标右键，系统显示如图 4.27 所示快捷菜单。选择子菜单中的“还原(R)”后，系统显示如图 4.28 所示对话框。选择所需还原的工程代号及还原文件，再选取“确定”按钮，可执行还原操作。

注意：执行还原操作时，必须保证所需还原的工程没有被客户端打开，否则，还原过程中将会出现错误。

图 4.27　还原工程数据菜单

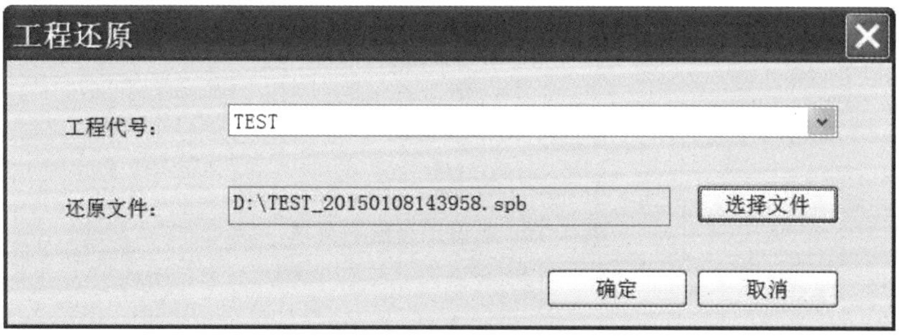

图 4.28　工程还原对话框

4.2.10 诊断工程索引文件

在工程数据库中，文件与数据的查询需要通过在数据库中建立索引文件的型式，通过关键字段，对用户所需要的信息进行查询，通常在工程配置正确的情况下，如突然发生无法打开工程，或者工程中定义的数据丢失等情况，有可能是索引文件发生错误，可以使用该功能对工程中主要的索引文件进行检查。

在工程管理主界面的第二层工程树上，选择所需诊断的工程后，通过鼠标右键，系统显示如图 4.29 所示快捷菜单。

图 4.29　诊断工程索引文件

选取"诊断工程索引文件"子菜单即可进行诊断工作。如果发现错误的索引文件，可以再根据索引文件诊断或索引文件管理工具做进一步的问题排查和处理。

4.2.11　数据库

数据库功能提供用户在不启动 SQL SERVER 系统的情况下，察看、更新各工程数据表结构的手段。

通过在工程管理主界面的工程树上的第二层，选取所需对数据表结构进行操作的工程，如"TEST"，利用鼠标右键，系统显示快捷菜单如图 4.30 所示。

图 4.30　数据库管理

选取子菜单“数据表结构详细信息”按钮，可以看到当前工程所有数据表的名称、说明、版本、状态以及记录数量等信息。双击任意一张数据表，用户将能看到数据表的表结构。如图 4. 31 所示。

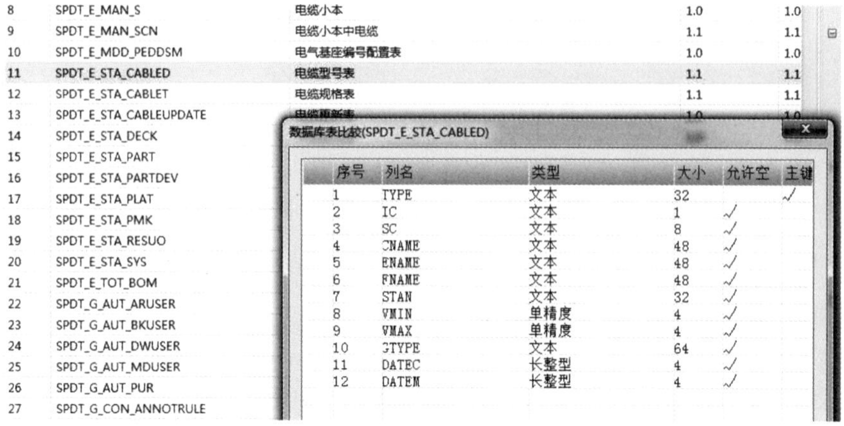

图 4. 31　数据表结构详细信息

选取子菜单“数据表结构导出”按钮，用户可将当前工程所有的数据表结构信息另存为一个“txt”格式的文件，如图 4. 32 所示。

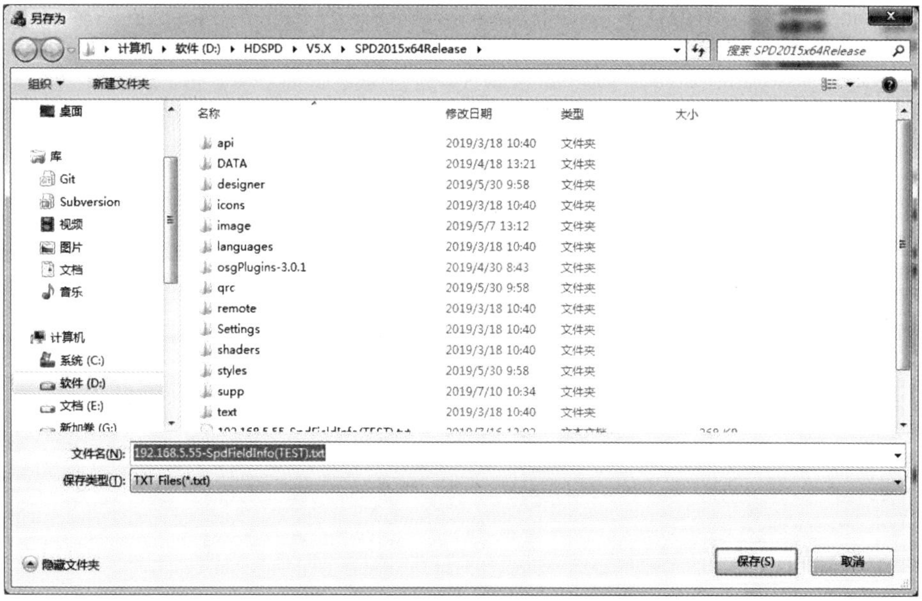

图 4. 32　数据表结构信息另存到“txt”格式文件中

选取子菜单“数据表结构更新”按钮，可将当前工程所有的数据表结构更新至最新版本。

选取子菜单“数据表结构对比”按钮，可将当前工程所有的数据表结构与参考工程所有的数据表结构进行对比，列出不同之处，如图 4.33 所示。

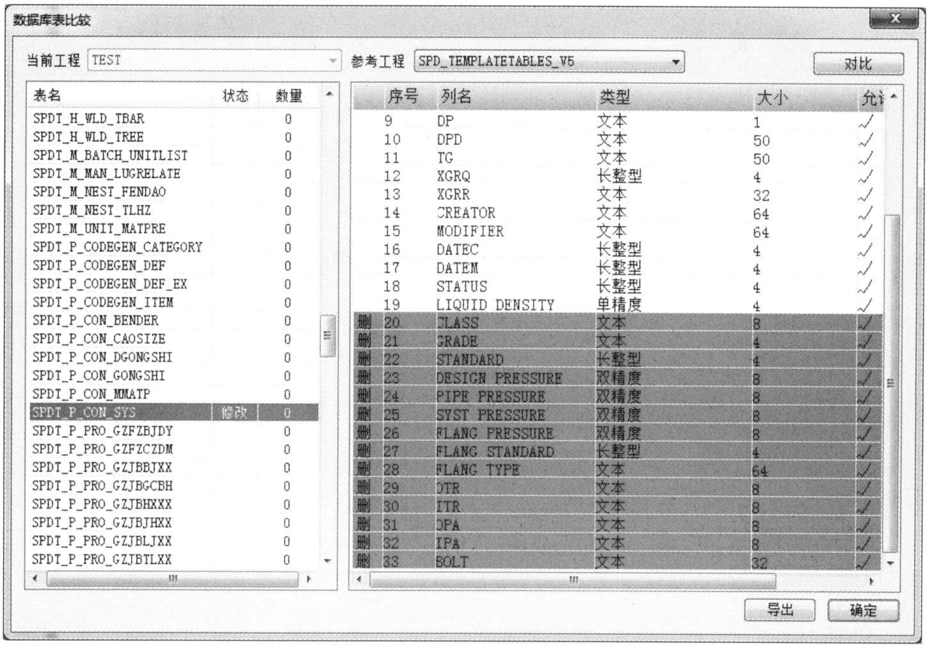

图 4.33 数据库表比较

第 5 章　SPD 系统的数据复制与数据备份

船舶与海工装备产品的生产是小批量、多品种的产品生产过程，同一型产品间内部的设备与系统的配置根据船东的需求不同，也不尽相同，因此，在同型批量船舶或海工装备建造工艺设计中，船舶制造企业都将结构与配置相同的船舶或海工装备产品称为“姐妹”船（或产品），将已完工的“姐”船（或产品）的工程数据复制到即将开工，刚刚建立项目工程号的“妹”船（或产品）的工程中，以减少新建工程的基础数据输入，或内部工程数据的输入，仅对船东或船员有特殊要求的系统或设备进行工艺更新修改，以降低技术人员的设计负荷。同时，为了保护设计过程中的工程数据，在项目设计过程中系统管理用户要定期（通常每天设计工作结束后）将工程设计的数据进行保存，避免因操作失误，造成设计数据的丢失。通常，一旦因操作失误造成设计数据的丢失，系统管理用户应立即将最后一个备份版本的数据文件复制到系统中，以减少设计工作的损失。

5.1　SPD 系统的船体数据复制

在 SPD 系统中，项目工程的船体数据库文件的文件名为：<工程编号>. HUL，存放在工程项目的 Data 文件夹中。当出现以下情况时，可能需要进行船体数据库对象的复制：

（1）工程项目的船体数据库中一些对象被误删，此时系统管理用户需要从船体数据备份中获取数据，以修复当前船体数据库文件。

（2）船体设计工程采用技术外包或终端设计用户因出差等原因，而不在同一网络环境下，在同一个船体工程目录中进行工作，采用的是分散的方式，各自建有船体工程目录进行工作，此时，为了实现设计各部门间的平衡，需要将分散的数据从他人的船体数据库中转移出来，并在工程项目中将对象进行船体数据库合并。

（3）在姐妹船工程设计时，需要将已完成设计的“姐”船或具有参照价值的“母船”的船体数据库中的工程数据从相应的工程项目中获取出来，进行船体数据库对象的复制，然后转移到正在进行项目工程设计的“妹”船或“子船”工程项目的数据库中，其具体操作是，选取船体设计“”专业按钮，进入如图 5.1 所示的总控界面，然后选取“”按钮，系统显示如图 5.2 所示的船体数据库对象复制对话框。

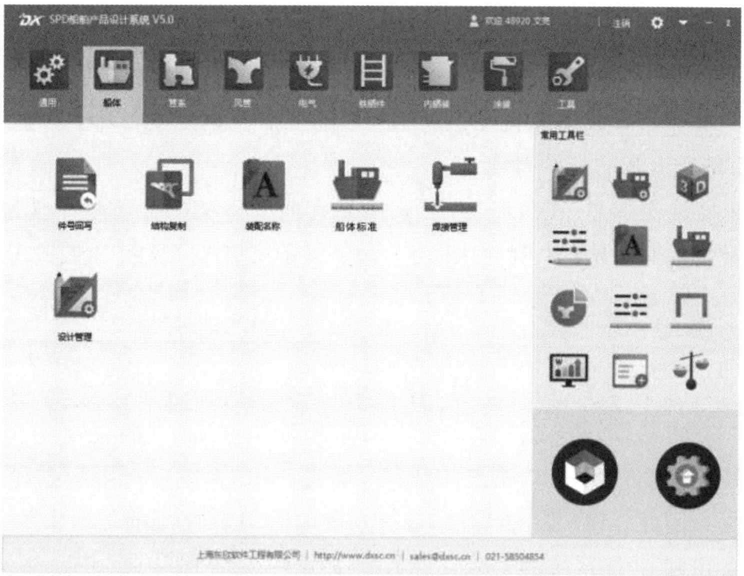

图 5.1 SPD 船体设计总控界面

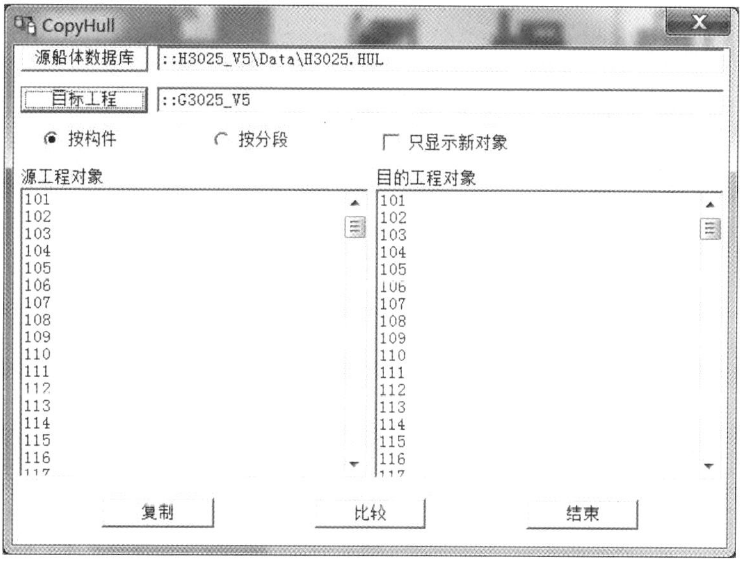

图 5.2 船体数据库对象复制对话框

在 CopyHull 对话框内选取“确定”按钮，系统在文件选择对话框中弹出需要选择获取对象的船体数据库文件的源文件。再选取“目标工程”按钮，在弹出的文件选择对话框中，选择作为目的文件的接收对象的目标工程。

即系统在“源工程对象”列表框中显示源船体数据库文件中所包含的对象，在“目的工程对象”列表框中显示目的船体数据库文件中所包含的对象。如果选中“只显示新对象”框，则在“源文件对象”列表框中只显示目的文件中不存在的对象，而不显示同名的对象。

在“源工程对象”列表框中选择一批要复制的对象，然后单击“复制”按钮，系统即把选中的对象从源船体数据库文件中复制到目的船体数据库文件中，并在“目的工程对象”列表框中显示出新加入的对象。

此操作需要注意的是：①复制完毕后，需要在曲面板架的标签框中选取“较正”；②源文件对象及目的对象中的“BLOCKDEF”为分段定义数据，复制时要考虑是否要复制该数据。

5.2 SPD 系统的数据备份

SPD 系统的数据包括 SPD 系统的数据库数据、SPD 系统的标准数据和 SPD 系统的工程文件数据。因此，SPD 系统的数据备份方案包括 SPD 系统的数据库备份、SPD 系统的标准数据备份和 SPD 系统的工程文件数据备份。

SPD 系统备份的总体方案是服务器不关机。每天在设计人员工作结束后，服务器执行备份任务计划，将所需备份数据备份并保留一周，每周选择一天保存至磁带。

SPD 系统数据库的备份使用 SQL SERVER 的维护计划执行备份，维护计划创建过程如图 5.3 所示。

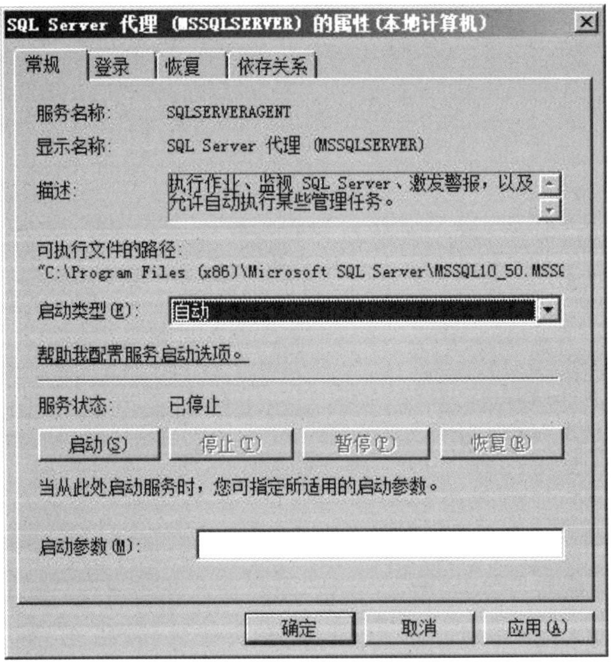

图 5.3　SQL Server 代理(MSSQLSERVER)的属性(本地计算机)对话框

在 SPD 系统的数据库服务器中设置 SQL SERVER 代理服务。其操作是选取 SQL Server 的“开始”→“管理工具”→“服务”，然后用鼠标右键，选取“SQL SERVER 代理”→“属性”，在图 5.3 所示对话框中将“启动类型(E)”设置为“自动”，并在对话框“服务状态”执行“启动(S)”，运行 SQL SERVER 代理服务。

通常情况下，系统操作是，打开 SQL SERVER 管理平台，如图 5.4 所示。运行程序，打开 SQL Server Management Studio 对话框，如图 5.5 所示。将 SQL Server 连接到服务器。

图 5.4　打开 SQL SERVER 管理平台

图 5.5　SQL Server Management Studio 对话框

在 SQL Server Management Studio 对话框中的“对象还原管理器”中选取“管理”,用鼠标右键打开第二层树状菜单,选取“维护计划”,系统进入“SQL Server 维护计划向导”。选取“下一步”按钮,系统显示如图 5.6 所示“维护向导”对话框,在“名称(M)”处,输入维护计划作业名称。再选取对话框中的“下一步”按钮,如图 5.7 所示,系统进入维护“作业计划属性”设置对话框。

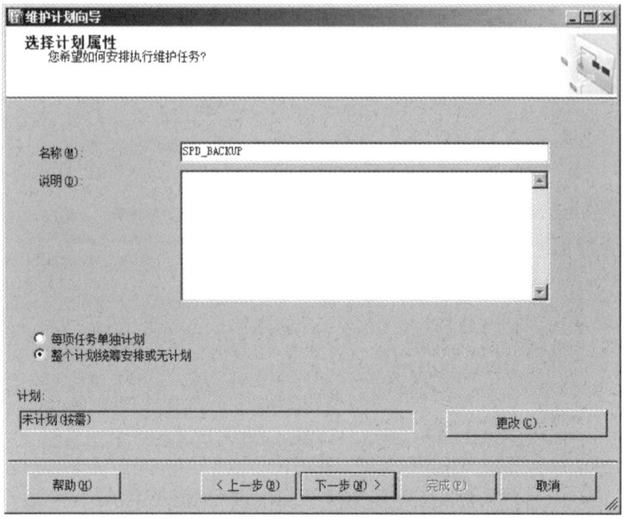

图 5.6 维护计划作业名称

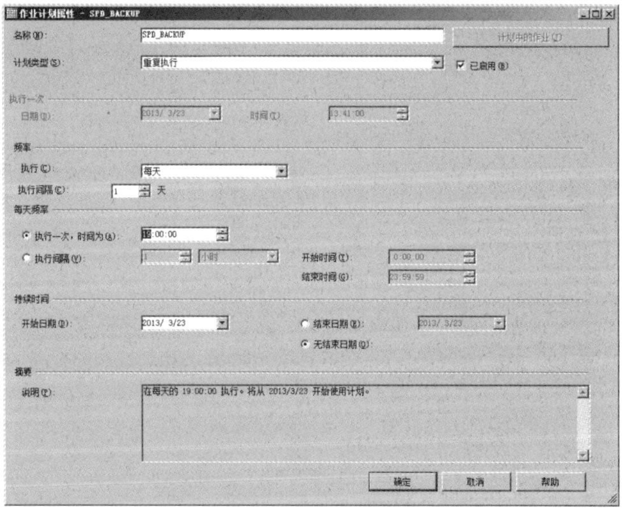

图 5.7 作业计划属性

在“维护计划向导”对话框内选择维护任务,选择一项或多项维护任务,如图 5.8 所示。本操作通过勾选“备份数据库(完整)”,系统显示如图 5.9 所示“选择数据库类型”对话框。

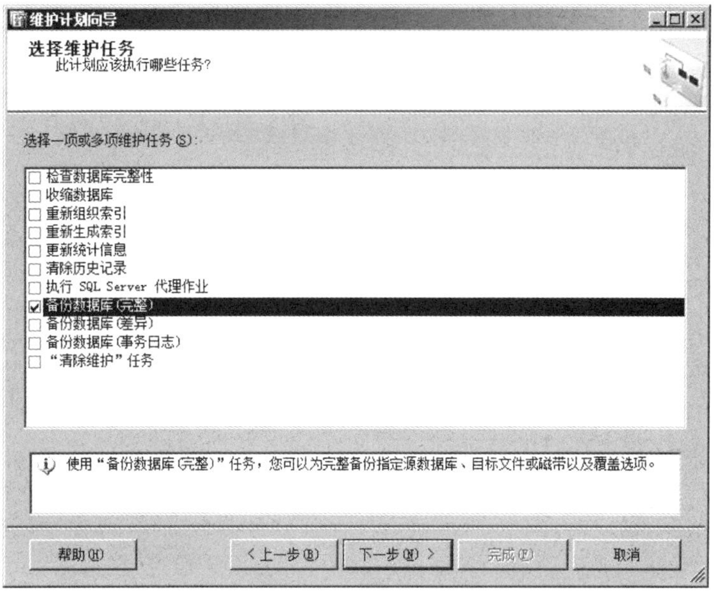

图 5.8　维护计划向导

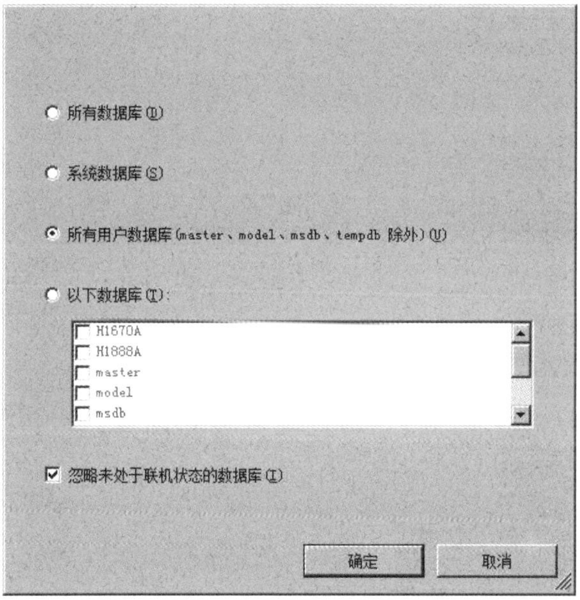

图 5.9　选择数据库类型对话框

选择“所有用户数据库(master/model/msdb/tempdb 除外)(U)”配置维护任务，系统显示如图 5.10 所示“定义‘备份数据库(完整)’任务”对话框，在“数据库(D)”选择栏中选取“特定数据库”，在选取“为每个数据库创建子目录”，在“文件夹(L)：”中设定备份文件夹，“E：\SPD DATABASE BACKUP”路径。选取“下一步”按钮，系统显示“选择报告选项”对话框，如图 5.11 所示。选取“将报告写入文本文件”，在“文件夹位置(D):”中设定“对围护计划操做报告进行保存或分发”路径,E:\SPD DATABASE BACKUO\LOG。再选取“下一步”按钮。

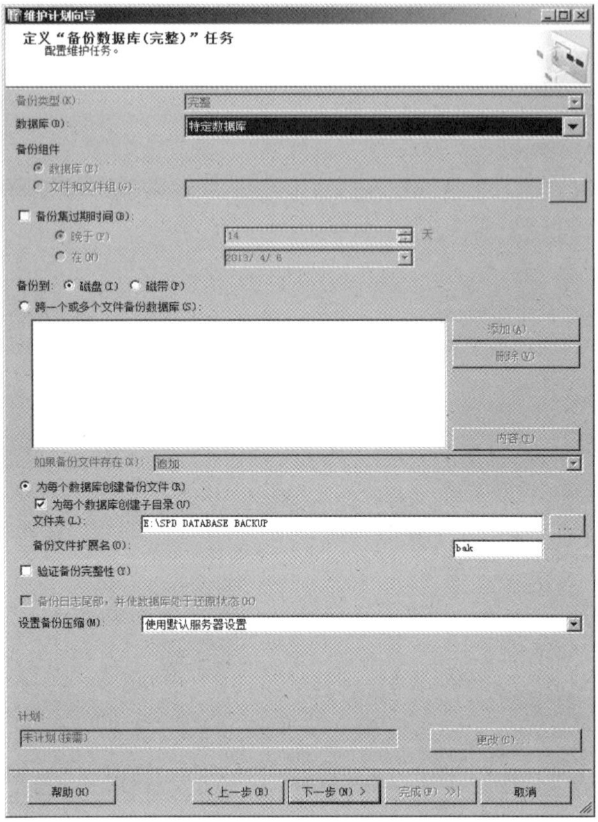

图 5.10　配置维护任务

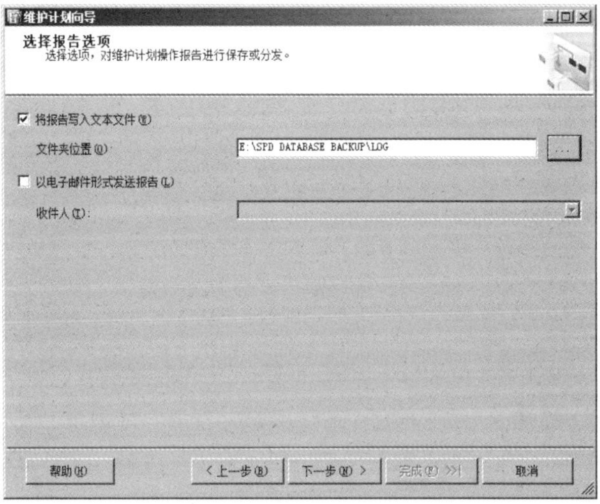

图 5.11　维护计划作业报告设置

完成数据库备份维护计划,系统显示如图 5.12 所示"完成该向导"对话框。选取"完成"按钮,结束软件系统数据库备份。

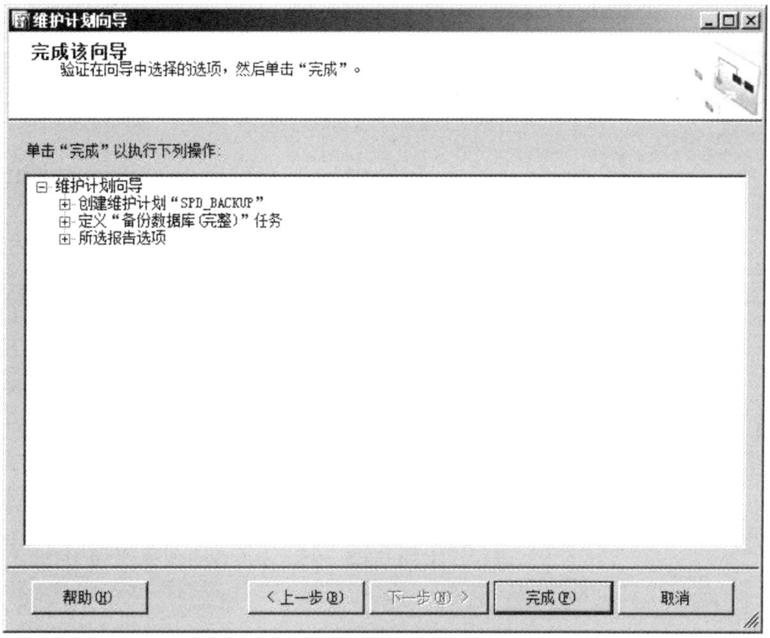

图 5.12 完成数据库备份维护计划

5.3 SPD 系统的标准数据备份

SPD 系统标准数据存在于 SPD 数据库服务器上,为 SPD 系统进行船舶或海工装备工艺设计提供满足工艺标准要求的结构件、舾装件以及相关的工艺约束标准。SPD 系统的数据库服务器在安装了 SPD 系统的服务器安装程序后,就在系统中创建了 SPD 系统的安装目录:"C:\Program Files (x86)\HUDONG\SPD V4.0 Sys Server",此目录下存在两个文件夹,"Data"和"Templatetables"用来存放 SPD 系统的标准数据。SPD 系统的标准数据备份,即是对此两个文件夹内的所有数据建立备份方案,操作过程如下。

(1)通过建立 SPD 系统的索引文件整理标准数据库中的标准数据

该操作在数据库系统的命令行指令集下进行,采用批处理文件,对标准数据库中的标准数据执行整理,命令行示例如下:

D:\SPD\IndexFileCompress.exe/nomessagebox"C:\Program Files (x86)\HUDONG\SPD V4.0 Sys Server\data"。

其中,"D:\SPD\IndexFileCompress.exe"是 SPD 系统的应用程序"IndexFileCompress.exe"的路径;"/nomessagebox"是该程序的运行参数,表示不显示消息窗;"C:\Program Files (x86)\HUDONG\SPD V4.0 Sys Server\data"是要整理的文件

夹或文件,系统标准数据需要整理的文件夹是数据库服务器的安装目录下的 data 文件夹。整理日志文件是“D:\SPD\IndexFileCompress. log”,每次整理完成会更新此文件,整理日志文件示例如图 5. 13 所示。

图 5. 13　SPD 系统索引文件整理日志

(2)SPD 系统的标准数据备份

SPD 系统的标准数据备份也采用批处理文件形式,在数据库系统的命令行指令集下执行文件整理,命令行示例如下:

xcopy“C:\Program Files (x86)\HUDONG\SPD V4.0 Sys Server\data” “E:\SPD SYSBackup\1\data”/e/v/y/h/c/I

xcopy“C:\Program Files (x86)\HUDONG\SPD V4.0 Sys Server\

Templatetables”“E:\SPD SYSBackup\1\Templatetables”/e/v/y/h/c/I

其中,xcopy 是操作系统的复制命令;“C:\Program Files\HUDONG\SPD V4.0 Sys Server\data”(或 Templatetables)是要备份复制的文件夹;“E:\SPD SYSBackup\1\data”(或 Templatetables)是系统标准数据要备份至的文件夹,指令中,“\1\”表示周一备份的目标目录,每周 7 天,编写 7 个批处理文件,用“?”代表一周 7 天中的某一天,对应修改“\? \”,即得到备份的目标目录;“/e/v/y/h/c/I”是 xcopy 命令的参数。

(3)SPD 系统制定备份任务计划

SPD 系统制定备份任务计划,通过编写 7 个批处理文件,完成备份任务计划的制定,其操作内容同上面二步操作。以周三制定备份任务计划为例,其操作如图 5. 14 所示。

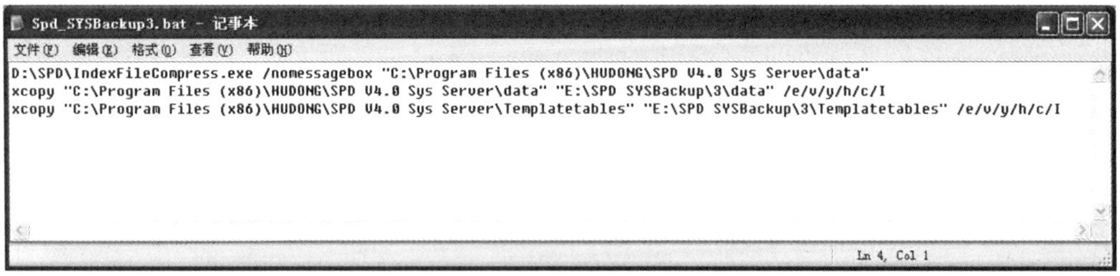

图 5. 14　SPD 系统标准数据备份批处理文件

系统标准数据备份也可以通过在数据库系统的管理器中“Spd_SYSBackup3”对话框中,通过建立 7 个任务计划,每个任务计划执行对应的批处理文件。每个任务计划每周执行一次,每天执行对应的任务计划。完成对 SPD 系统的标准数据备份,以周三为例,SPD 系统标准数据备份批处理示例如图 5.15、图 5.16 所示。

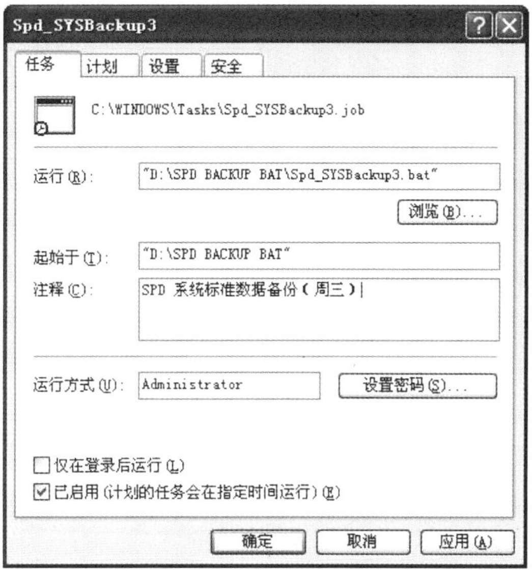

图 5.15 SPD 系统标准数据备份任务

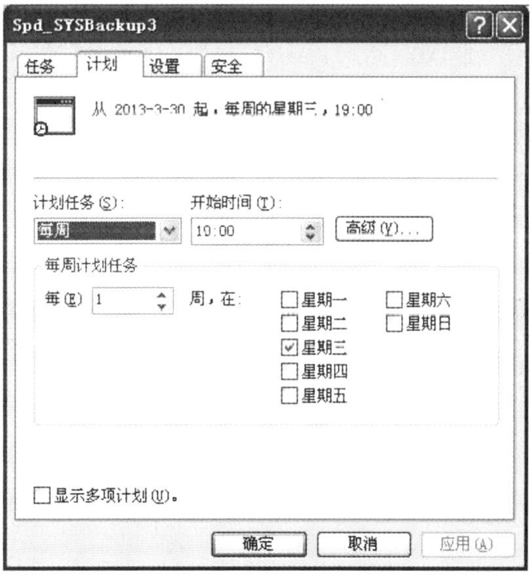

图 5.16 SPD 系统标准数据备份计划

5.4 SPD 系统的工程文件数据备份

SPD 系统的工程文件数据存在于 SPD 系统的工程数据服务器上。创建 SPD 系统的工程时,指定了工程目录。SPD 工程文件数据备份即是对此文件夹的所有数据建立备份计划,操作过程如下:

(1)通过建立 SPD 系统的索引文件整理工程数据库中的工程文件

SPD 系统的工程数据备份也采用批处理文件形式,在数据库系统的命令行指令集下执行文件整理,命令行示例如下:

D:\SPD\IndexFileCompress.exe /nomessagebox "D:\SPDDataV5"

其中,"D:\SPD\IndexFileCompress.exe"是 SPD 系统中的应用程序 IndexFileCompress.exe 的路径;"/nomessagebox"是程序运行参数,表示不显示消息窗;"D:\SPDDataV5"是要整理的文件夹。整理日志文件是 D:\SPD\IndexFile

Compress.log 每次整理完成会更新此文件。

(2)SPD 系统工程文件数据备份

SPD 系统的工程文件数据备份也采用批处理文件执行方式,在数据库系统的命令行指令集下,对工程文件进行整理,命令行示例如下:

xcopy"D:\SPDDataV5""E:\SPD PrjBackup\1"/e/v/y/h/c/I

其中,"xcopy"是在数据库系统的命令行指令集下,操作系统的复制命令;"D:\SPDDataV5"是要备份复制的文件夹;"E:\SPD PrjBackup\1"是系统标准数据要备份至的文件夹,其中"\1"表示周一备份的目标目录,每周 7 天,用"?"代表一周 7 天中的某一天,编写 7 个批处理文件,对应修改\? 备份目标目录;"/e/v/y/h/c/I"是 xcopy 命令的参数。

(3)SPD 系统制定备份任务计划

SPD 系统制定备份任务计划,通过编写 7 个批处理文件,完成备份任务计划的制定,其操作内容同上面二步操作。以周三制定备份任务计划为例,其操作如图 5.17 所示。

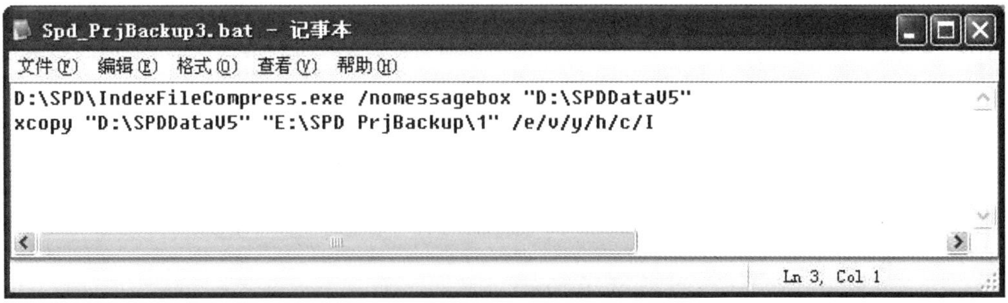

图 5.17　SPD 系统工程文件数据备份批处理文件

系统标准数据备份也可以通过在数据库系统的管理器中"Spd_SYSBackup3"对话框中,通过建立 7 个任务计划,每个任务计划执行对应的批处理文件。每个任务计划每周执行一次,每天执行对应的任务计划。完成对 SPD 系统的工程文件数据备份,以周三为例,SPD 系统的工程文件数据备份批处理示例如图 5.18、图 5.19 所示。

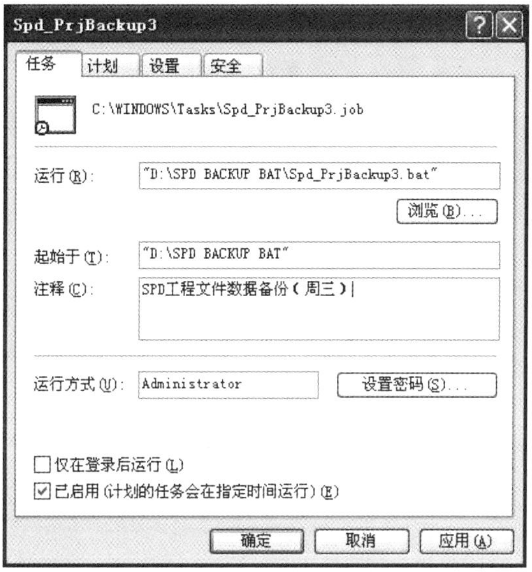

图 5.18　SPD 系统工程文件数据备份

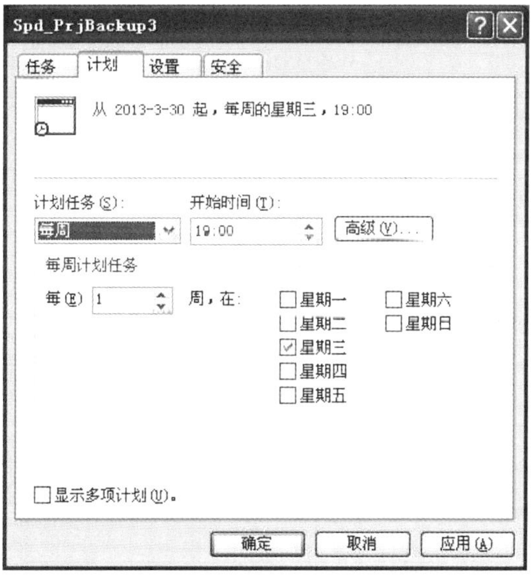

图 5.19　SPD 系统工程文件数据备份计划

第 6 章　SPD 系统的应用设置

SPD 系统在进行船舶与海工装备工艺设计时，除按规范及工艺要求进行三维建模外，还需要按企业生产的节奏，将工艺设计好的图纸和统计汇总好的零部件清单，以及生产工艺指导文件通过打印机输出成纸质图纸、清册或 PDF 格式的图纸、清册等文件资料，这就要求 SPD 系统能够直接连接打印机或虚拟打印机，输出满足规范要求的图纸或文档资料。

6.1　SPD 系统打印机的安装与设置

由于 SPD 系统设计的船舶或海工装备的图纸、文档涉及 SPD 系统所使用企业设计信息的知识产权，因此，在 SPD 系统上安装打印机驱动程序必须得到系统管理员的授权或由系统管理员进行安装。

SPD 系统的打印机安装有两种打印输出方式，其一是通过实体打印机，直接将 SPD 系统所设计的图纸、文档通过实体打印机输出成纸质文件，供车间生产使用；另一种，是在无纸化办公的要求下，在 SPD 系统上安装虚拟打印机，将 SPD 系统所设计的图纸、文档通过虚拟打印机输出成 pdf 格式的图纸、文档等数字化文件，再通过企业内部的网络，发布到指定的生产车间部门的 LED 显示屏上，供生产车间或管理部门使用，指导车间生产或管理部门制定管理计划。

6.1.1　SPD 系统中虚拟打印机的安装

SPD 系统中虚拟打印机的安装需要先对虚拟打印机进行注册，系统管理员在安装虚拟打印机驱动时，要将 pdf 虚拟打印机的注册码输入安装提示中才能够顺利地完成 pdf 虚拟打印机的驱动程序安装。pdf 虚拟打印机的驱动程序安装完成后，要在计算机的操作系统中打开“控制面板”对话框，并在“控制面板”对话框中打开“打印机和传真”对话框，在其中找到安装完 pdf 虚拟打印机的驱动程序后生成的“pdfFactory Pro 打印设备”，对“pdfFactory Pro 打印设备”进行配置。使用鼠标右键，运用快捷键，打开“SJSFILESERVER 上的 pdfFactory Pro”对话框，在“设置”页中设置：“页面大小”“纸张方向”，如图 6.1 所示，在“量度”页中设置：图纸“分辨率（R）”，选取“模拟打印机（E）”所对应的型号，在页边距选择项中选择“毫米（M）”单位，如图 6.2 所示。

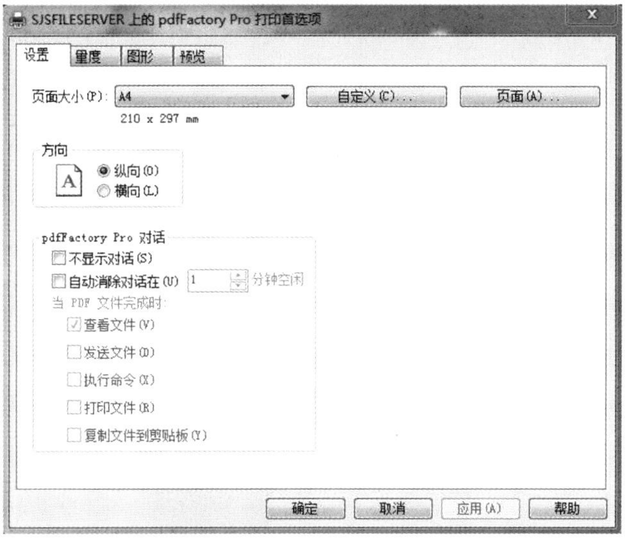

图 6.1　虚拟打印机“设置”

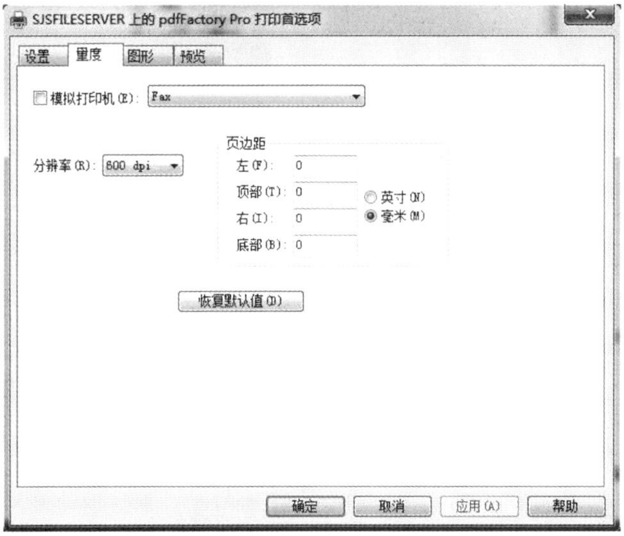

图 6.2　虚拟打印机“量度”

6.1.2　系统的 IE 属性设置

SPD 系统中的 pdf 文件在需要打印时，有些 pdf 文件输出配置的打印机驱动不是本机系统上的驱动，如果此时需要打印该 pdf 文件，系统就需要通过 IE 浏览器来搜索和安装原来打印输出该 pdf 文件时的定义设备的驱动程序，而此时，如果该定义设备的驱动程序已被开发商在网络上将共享的驱动程序的发行商证书吊销，则系统在自动网络搜索时，将找不到该定义驱动程序，因此，SPD 系统管理者用户应预先进行 IE 浏览器设置，以确保系统遇到上述情况时，能够搜索并自动安装上打印驱动程序。

操作方法为，在 Windows 操作系统的主界面上，打开“”（开始）按钮，在如图 6.3 所示的主菜单上，选取“控制面板”菜单，打开如图 6.4 所示“控制面板”对话框，在此对话框内选取“Internet 选项”选项，打开如图 6.5 所示的“Internet 属性”对话框，选取其中“高级”选项页，如图 6.6 所示，再选取其中的“☑ 检查发行商的证书是否已吊销”选项，完成 IE 浏览器的配置。

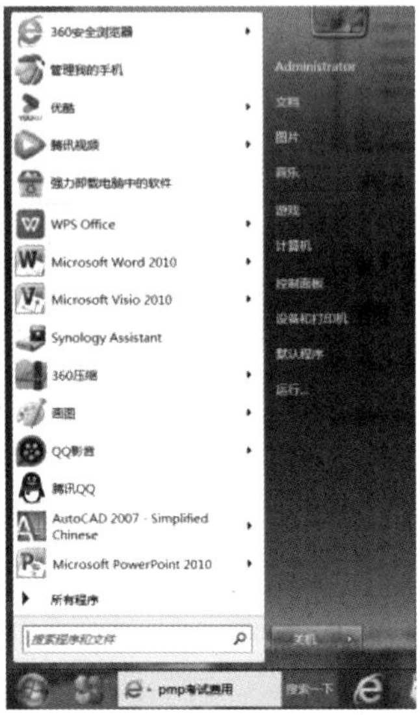

图 6.3　主菜单

图 6.4　控制面板对话框

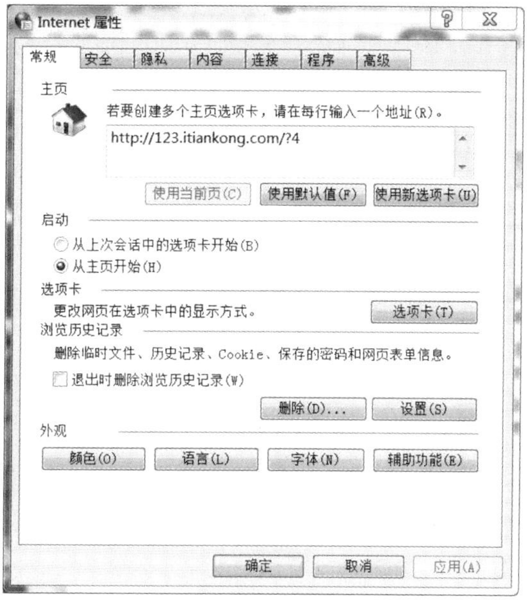

图 6.5 Internet 属性对话框

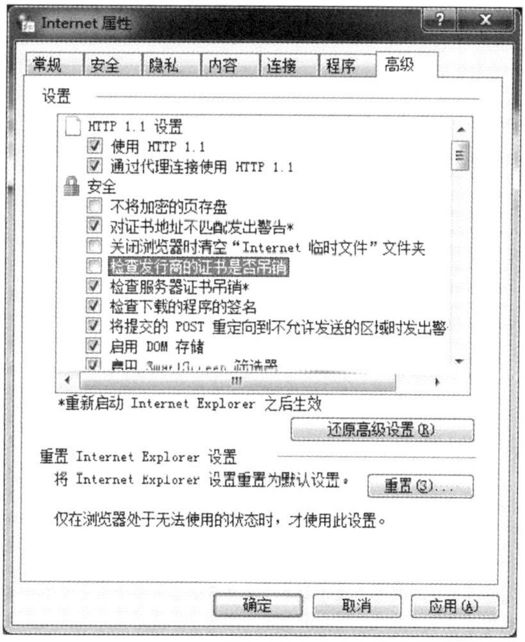

图 6.6 选取“高级”选项

6.2 AutoCAD 系统的打印机设置

SPD 系统进行工艺设计的船舶或海工装备,需按企业的设计节点要求,分批、分专业、分区域和模块形成满足车间零部件制作的套料图、车间或现场零部件组装的施工图,以及指导船舶或海工装备现场或船坞、船台搭载建造的分段图等,这些图纸的输出,需要在 AutoCAD 系统中安装打印机或绘图仪的驱动程序。其操作步骤为,在启动的 AutoCAD 系统中,不打开图纸,直接在“文件”下拉菜单中选取“绘图仪管理器”子菜单,进行绘图仪的设置。

6.2.1 绘图仪设置

在 AutoCAD 系统中,通过“绘图仪管理器”打开“添加绘图仪导向”对话框,如图 6.7 所示。在文件选项中选取“Setup. exe”文件,用鼠标双击打开该文件,系统显示“XXX Prnter 系列安装程序”对话框,如图 6.8 所示。

图 6.7 添加绘图仪导向

选取“是”按钮,系统打开“XXX Prnter 系列安装程序”对话框的“①准备安装”,如图 6.9 所示。用户可在此对话框中选取“安装已找到的网络打印机(I)”,在 SPD 系统中的绘图仪多设置为系统打印机,用户在选取“下一步”按钮后,系统显示如图 6.10 所示的“XXX Prnter 系列安装程序”对话框的“②安装”,选取“下一步”按钮。选取安装的绘图仪驱动程序,系统即完成绘图仪的安装与注册,此时选取“完成”按钮,绘图仪配制完成。

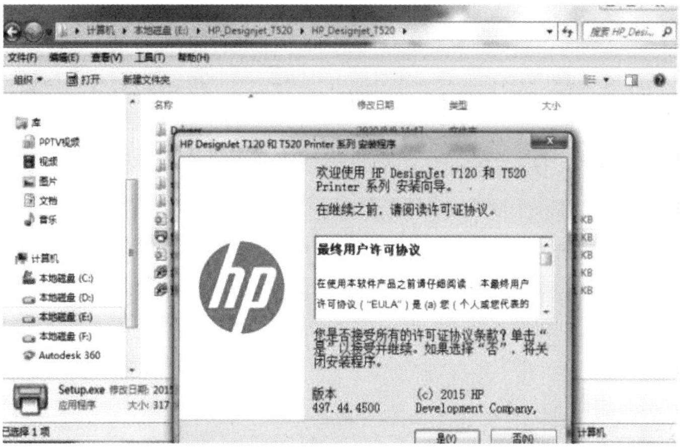

图 6.8　XXX Prnter 系列安装程序

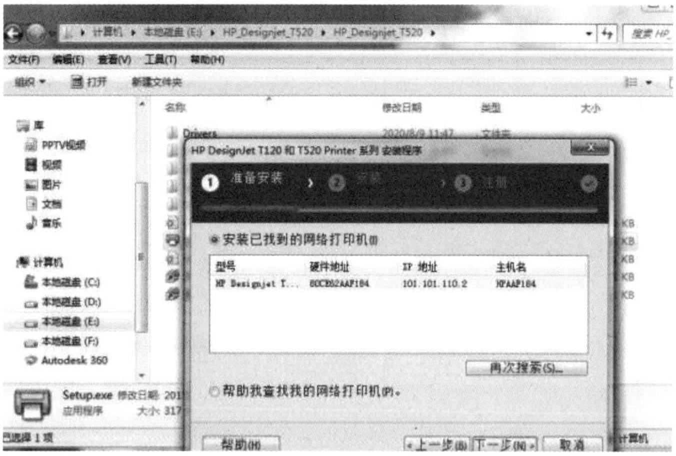

图 6.9　添加绘图仪

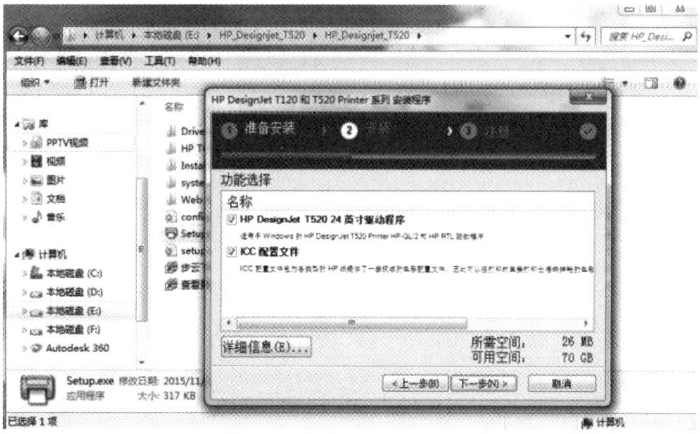

图 6.10　系统打印机设置

系统打印时，在 CAD“文件(F)”下拉菜单中选取“打印”按钮，系统进入“打印-模型”对话框，如图 6.11 所示。选取“打印机/绘图仪”项目下的“名称(M)”“AutoCAD PDF (Web and Mobile). pc3”按钮，系统显示添加绘图仪的绘图仪名称下拉菜单对话框，如图 6.12 所示。选取需要配置的绘图仪，“特性”按钮，系统显示“绘图仪配置编辑器”对话框，如图 6.13 所示。在“设备和文档设置”项中，用户可以对输出“介质”单张纸、连续卷筒纸还是绘图纸或硫酸晒图纸加以设置；在输出“图形”精度中，可以通过“修改标准图纸尺寸(可打印区域)”选项对输出图纸的“尺寸”进行修改，可以对图纸的尺寸进行自定义、修改标准图纸的尺寸、过滤图纸尺寸、对绘图仪进行校准、设置临时文件名，如图 6.14 所示。

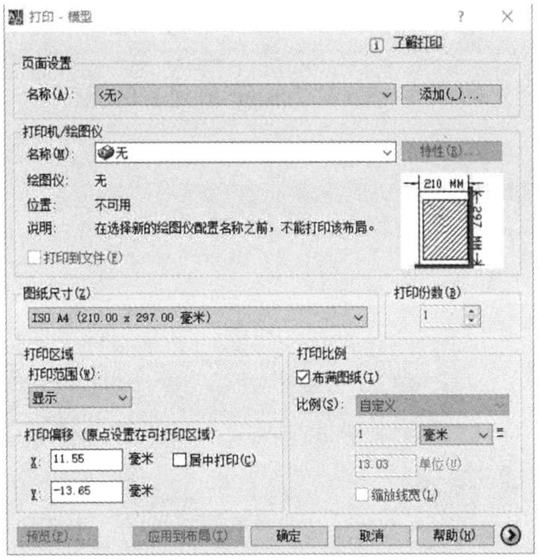

图 6.11 “打印-模型”对话框

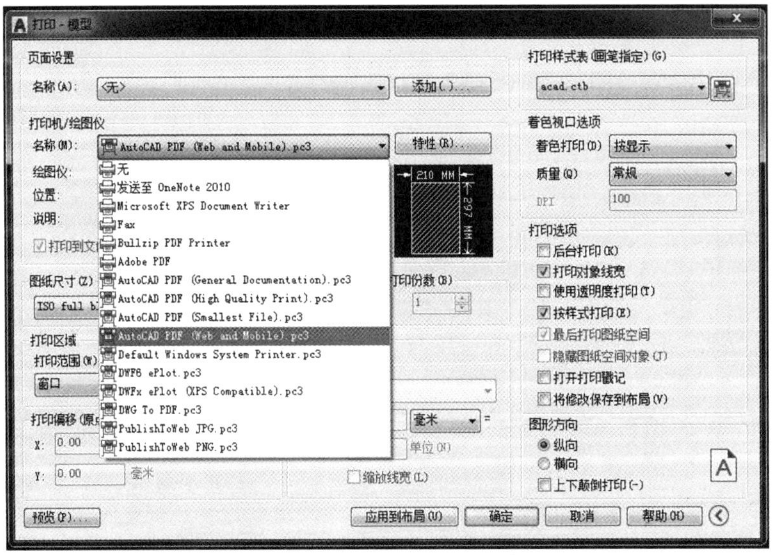

图 6.12 添加绘图仪-绘图仪名称

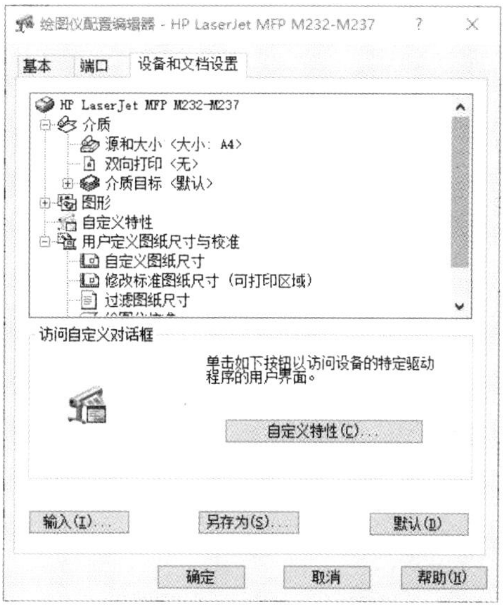

图 6.13　绘图仪配置编辑器

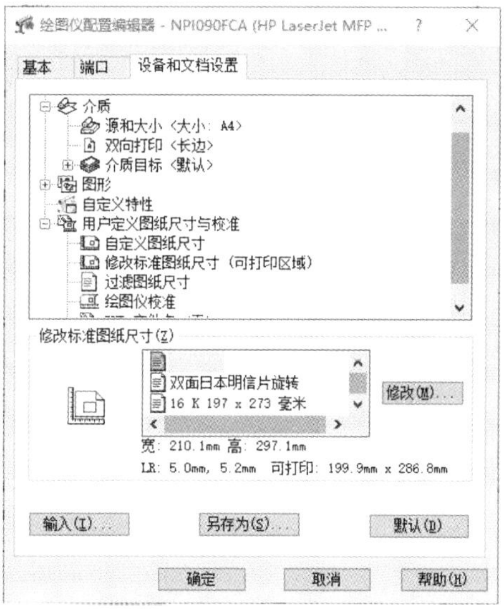

图 6.14　修改标准图纸尺寸

如图 6.15 所示，当选取“绘图仪校准”后，系统在“绘图配置编辑器”对话框的下部打开“调用‘绘图仪校准导向’”选项对话框，在其中，选取“校准绘图仪”按钮，系统进入“校准绘图仪—开始”对话框，如图 6.16 所示。设置完成测试矩形大小和尺度单位后，选取“下一步”按钮，系统进入“测量的打印”对话框，如图 6.17 所示。再选取“下一步”按钮，系统显示“文件名”对话框，在“PMP 文件名(P)：”栏中填入“文件名”，如图 6.18 所示，在此对话框中，用户可选取“下一步”按钮，系统进入“校准绘图仪-完成”对话框，选取“检查校准”按钮，系统返回“校准绘图仪-矩形大小”对话框，进行矩形大小参数设置，亦可以直接选取“完成”按钮，系统结束绘图仪设置。

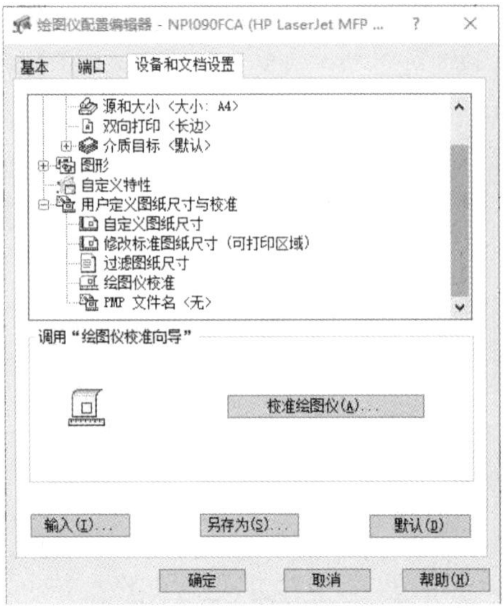

图 6.15　绘图配置编辑器

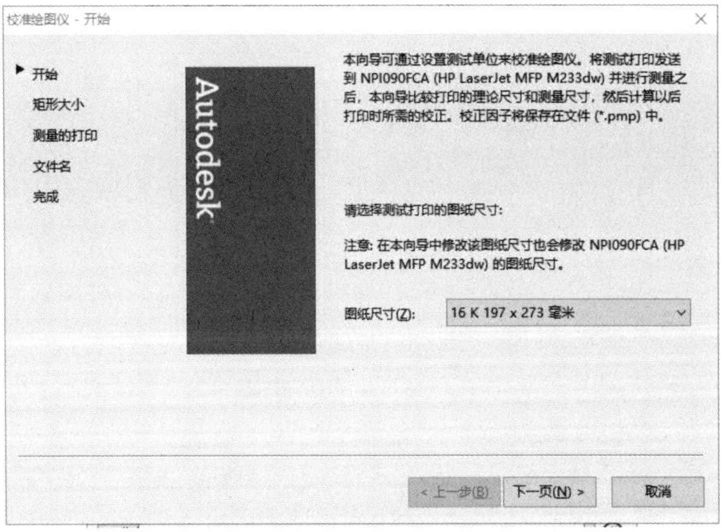

图 6.16　校准绘图仪-开始

如果绘图仪是初次使用，用户在安装绘图仪后需对绘图仪进行校正，以提高绘图仪的输出精度，具体的操作为，用户在如图 6.13 所示的“添加绘图仪-完成”对话框中选取“校准绘图仪”按钮，对绘图仪进行校准，用户也可在如图 6.14 所示的“绘图仪配置编辑器”里选取“绘图仪校准”项对绘图仪进行校准。用户选取绘图仪校准项后，系统显示如图 6.19 所示“绘图仪配制编辑器-绘图仪校准”对话框。用户“校准绘图仪”，系统“校准绘图仪”对话框，选取“下一步”按钮，系统显示“校准绘图仪-矩形大小”对话框，如图

6.20 所示。在对话框内设“高度(M)237”“宽度(Y)186”“单位(U)”选择“毫米”,选取“下一步”按钮,打印机将输出 237 毫米×186 毫米的矩形框,可以通过尺测量输出矩形框的精度。

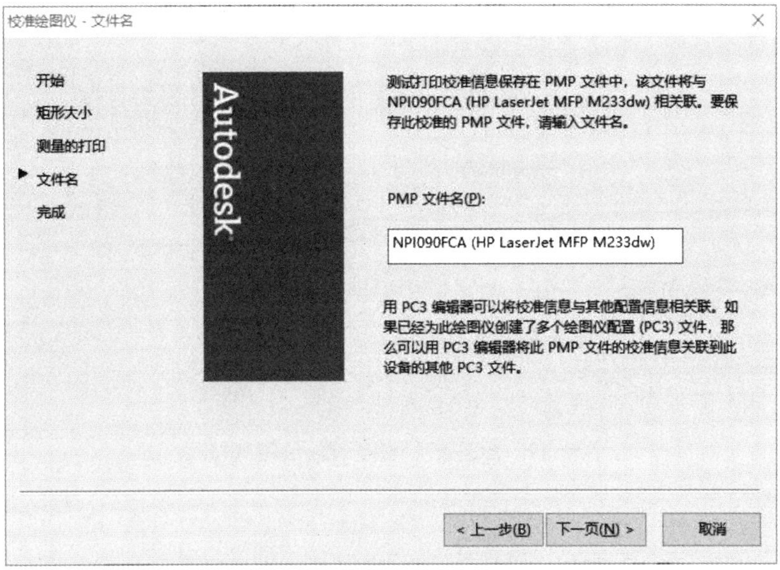

图 6.17　校准绘图仪-测量的打印

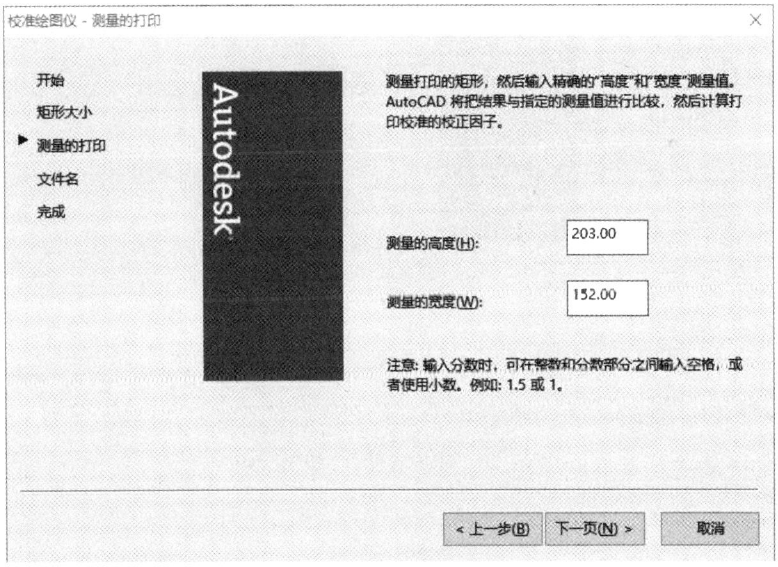

图 6.18　校准绘图仪-文件名

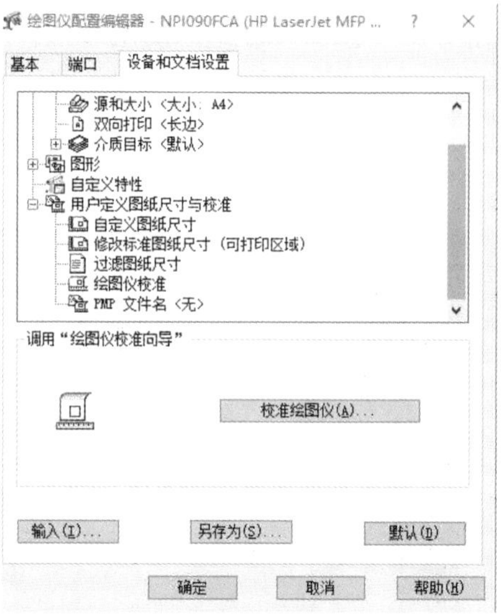

图 6.19　绘图仪配制编辑器–绘图仪校准

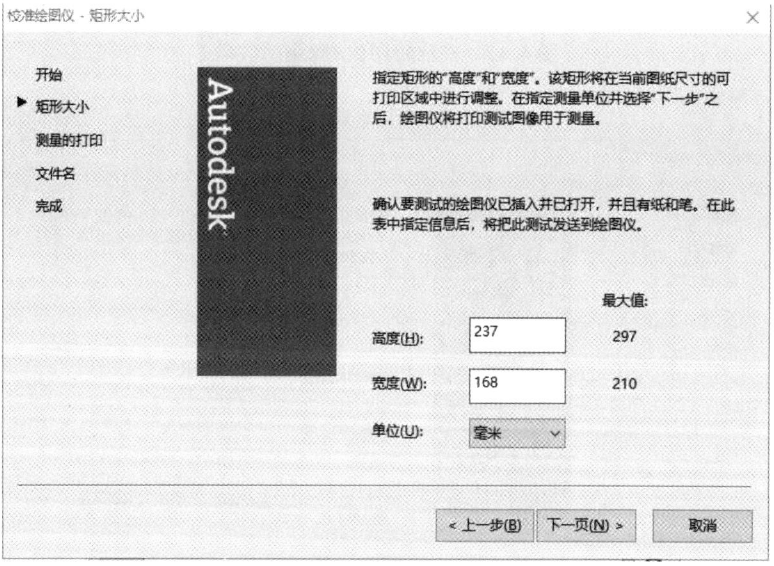

图 6.20　校准绘图仪–矩形大小

6.2.2　字体设置

为了使输出的工程图纸的图面字迹清晰、美观，需在出图前，通过“格式(O)”下拉菜单，选择“文字样式”菜单，如图 6.21 所示，系统会打开如图 6.22 所示“文字样式”对话框，在对话框中“字体名(F)”内选择“宋体”，“字体样式(Y)”选择“常规”，随后选取“应用”按钮，完成字体设置。

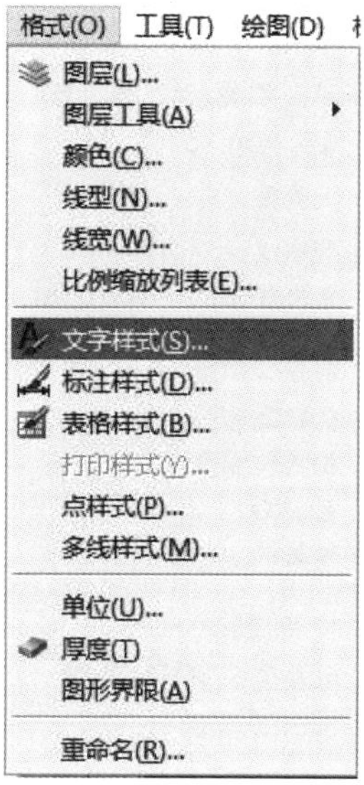

图 6.21 文字样式菜单

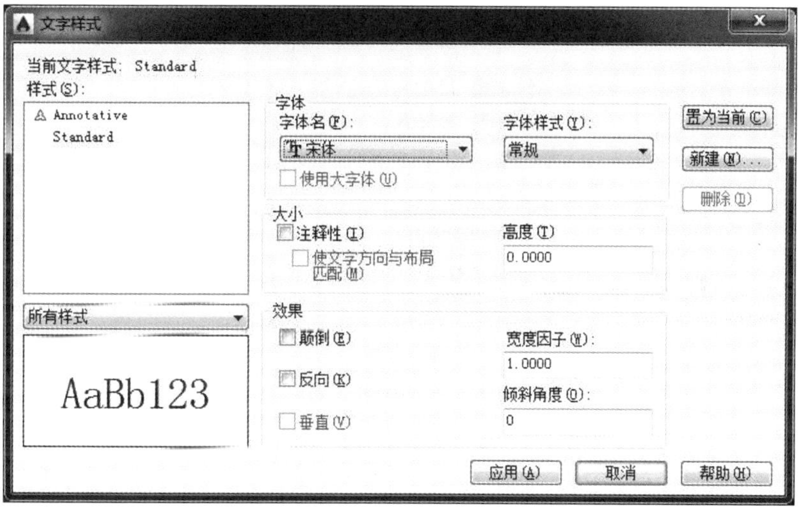

图 6.22 文字样式

6.3 AutoCAD 系统的选项设置

AutoCAD 系统在图形绘制中,需要进行当前绘制图形的系统环境配置,对"文件"存储路径、屏幕"显示"信息、文件"打开/保存"路径、绘制图形文件的"打印和发布"方式、"系统"设备、"用户系统配置""绘图""三维建模""选择集""配置""联机"等当前绘图的环境变量属性进行设置,其操作为,在系统下拉菜单中选取"工具",选取其中的"选项”子菜单，如图 6.23 所示，系统打开如图 6.24 所示的“选项”对话框。

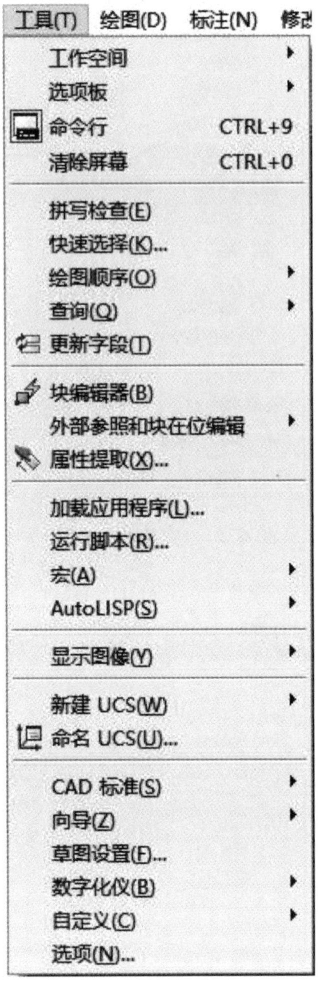

图 6.23　工具菜单

绘图仪管理器是一个窗口，其中列出了用户安装的所有非系统打印机的绘图仪配置（PC3）文件。如果希望使用的默认打印特性不同于 Windows 所使用的打印特性，也可以为 Windows© 系统打印机创建绘图仪配置文件。绘图仪配置设置指定端口信息、光栅图形和矢量图形的质量、图纸尺寸以及取决于绘图仪类型的自定义特性。

绘图仪管理器包括“添加绘图仪”向导，此向导是创建绘图仪配置的基本工具。“添加绘图仪”向导提示用户输入关于要安装的绘图仪的信息。

该功能是控制现有布局和新布局的选项。布局是一个图纸空间环境，用户可在其中设置图形进行打印。

在绘图区域的底部显示布局和“模型”选项卡。清除该选项后，状态栏上的按钮将替换这些选项卡。在“显示”设置选择页内，用户可对“窗口元素”“布局元素”“显示精度”“十字光标大小”及“淡入度控制”等进行设置。

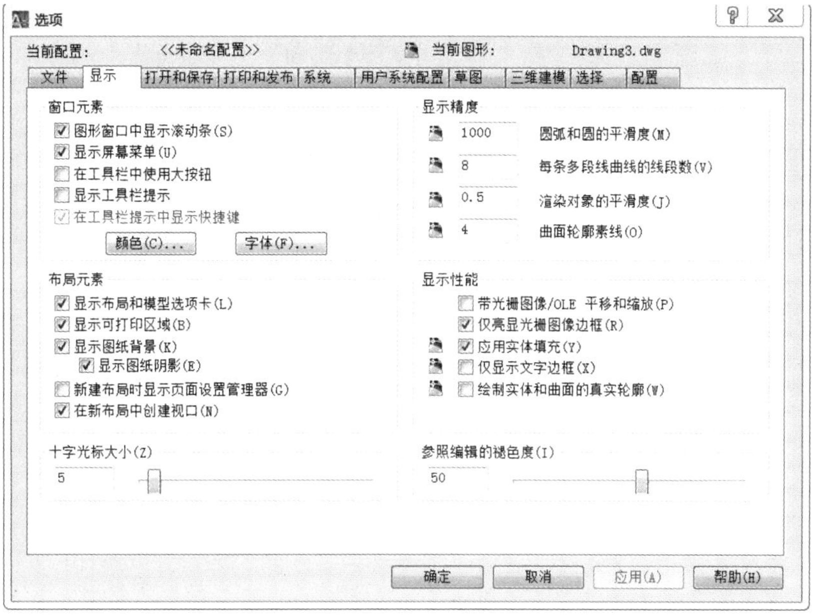

图 6.24　选项对话框

其中:“窗口元素”管理页设置,主要对 AutoCAD 绘图窗口中的显示滚动条,如图 6.25 所示;显示屏幕菜单,如图 6.26 所示;显示工具栏使用大按钮,如图 6.27 所示。

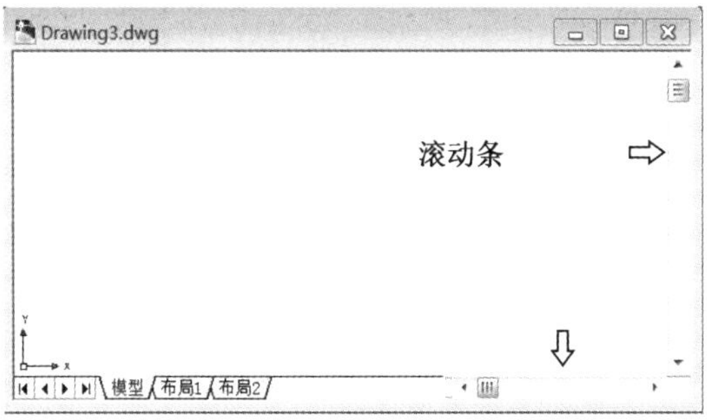

图 6.25　显示滚动条

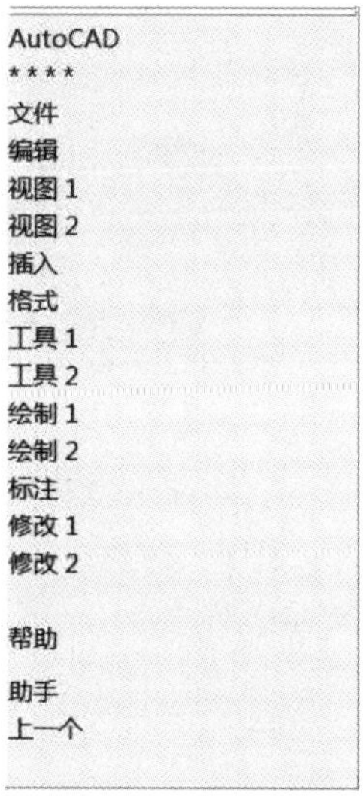

图 6.26　显示屏幕菜单

颜色配置,如图 6.28 所示,对绘图区域屏幕的背景及界面元素的颜色进行配置;字体配置,如图 6.29 所示,对命令行窗口字体进行配置。

图 6.27　显示工具栏大按钮

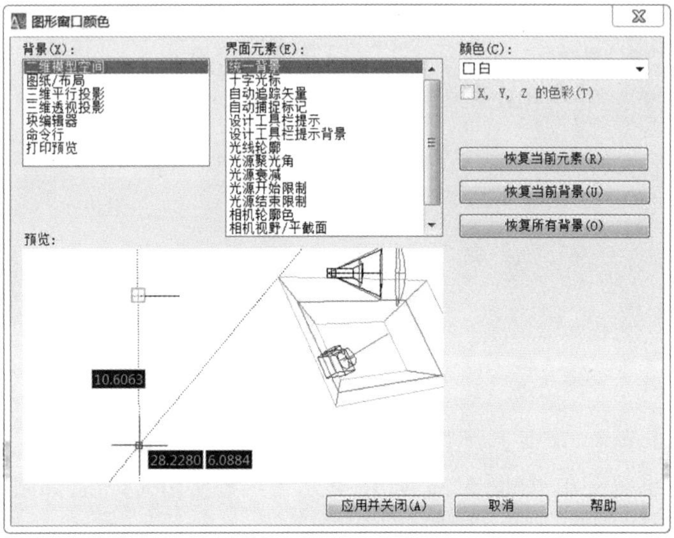

图 6.28　绘图区域屏幕颜色配置

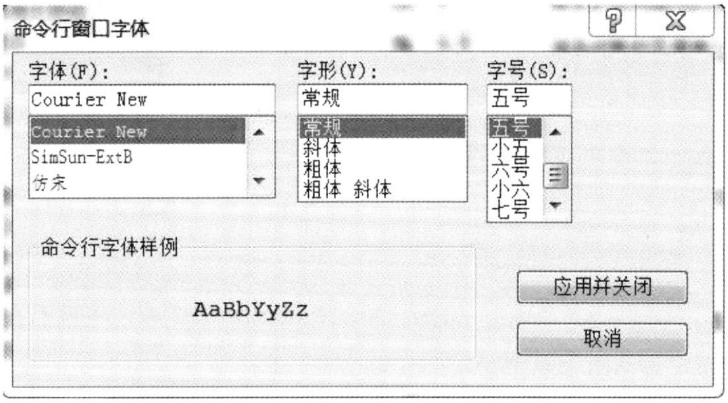

图 6.29　命令行窗口字体进行配置

“打开和保存”管理页设置如图 6.30 所示，对“文件保存”“文件安全措施”“文件打开”“外部参照”“ObjectARX 应用程序”进行管理，其中：“文件保存”设定了图纸文件保存的格式；“文件安全措施”规定了用户在绘制图纸时，系统临时保存文件，防止文件丢失的临时文件保存时间和临时文件的扩展名，对有保密需求的图纸文件，在其“安全选项”中还提供了用户对图纸文件进行“密码”设置和“数字签名”的设置选项，用户可以通过此设置，为所绘制的设计图档进行加密，保护设计内容及信息，如图 6.31 所示；“文件打开”为用户列出最近所用文件的个数，并在“窗口”下拉菜单中显示文件打开的完整的路径；“外部参照”对绘图过程中的外部参照文件进行加载控制、“ObjectARX 应用程序”主要是控制二次开发的 AutoCAD 系统按需加载 ObjectARX 应用程序。

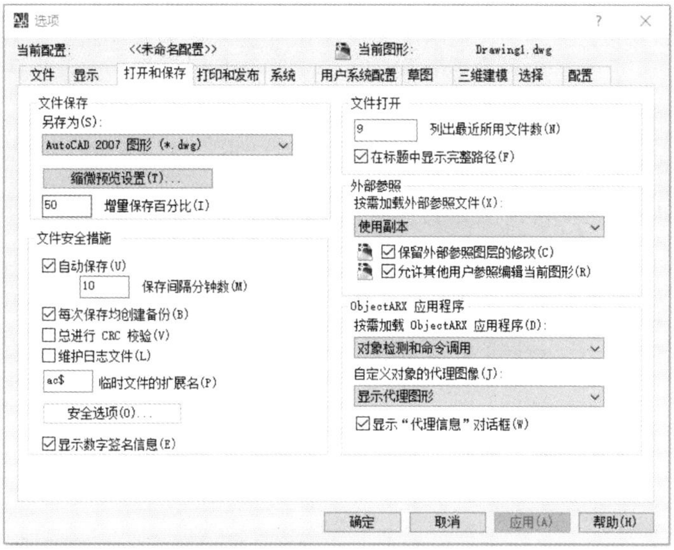

图 6.30 “打开和保存”管理页设置

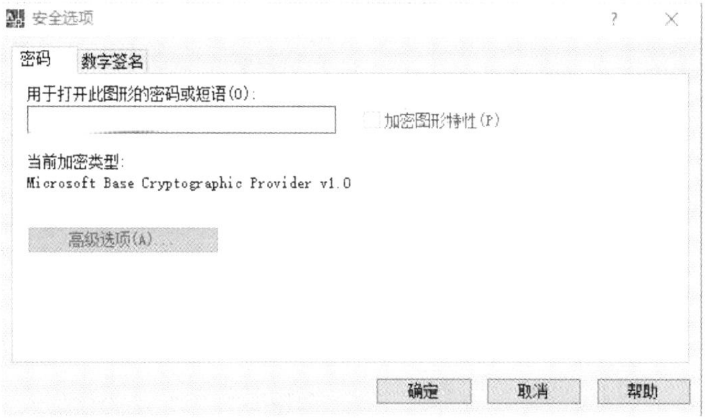

图 6.31 安全选项

“打印和发布”管理页设置如图 6.32 所示，对用户“新图形的默认打印设置”“打印到文件”“后台处理选项”“打印并发布日志文件”“基本打印选项”“指定打印偏移时相对于”“打印戳记设置”“打印样式表设置”等进行管理。其中，“新图形的默认打印”设置主要是为需要打印的图纸文件选用默认的输出设备驱动程序，添加或配置绘图仪的配置文件；“打印到文件”则是配置图形文件以文件图档方式输出时，其文件在计算机上存取的位置；“后台处理选项”则是在启动后台打印时，用户执行完图形输出指令后，系统即跳到前台,用户可以继续绘制图形,而不会影响图形输出;“打印并发布日志文件”,可以使用户在输出图形文件时,将连续输出的图形文件输出的一个日志文件,也可设置单一的图形文件输出的日志文件;“基本打印选项”主要是对用户修改打印设备驱动后进行图纸边界和图纸尺寸的修正设置,对图纸中超级链接的图片文件的输出质量进行控制设置;“指定打印偏移”时相当于是对图纸打印时“可打印区域”和“图纸边缘”进行设定;“打印戳记设置”,主要是防止图纸流失在外知识产权受到侵犯,打印戳记字段可以设置“图形名”“布局名称”“日期和时间”“登录名”“设备名”“图纸尺寸”“打印比例”等,也可使用由用户定义的字段,还可以通过加载打印戳记的参考文件来在图名上形成具有知识产权保护的图纸戳记,如图 6.33 所示;“打印样式表设置”,主要是在打印时设置“新图形的默认打印样式”“当前打印样式表设置”和“添加或编辑打印样式表”,如图 6.34 所示。

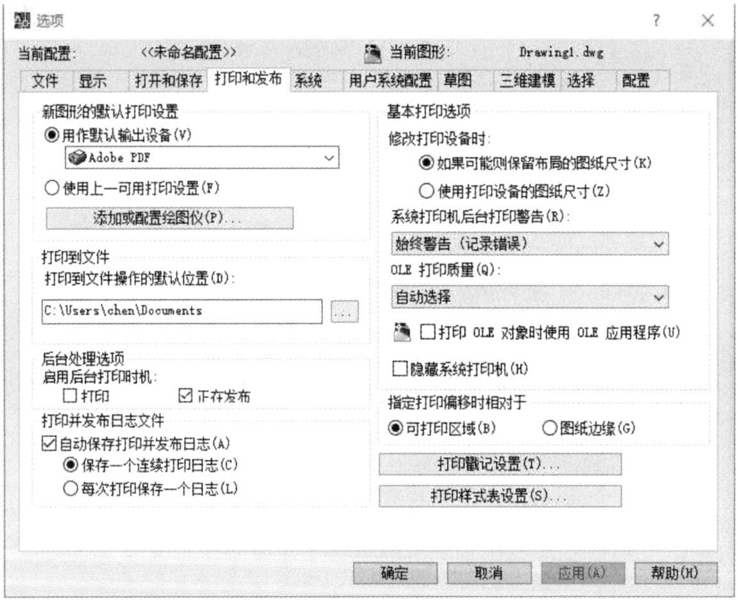

图 6.32　打印和发布管理页

图 6.33　打印戳记

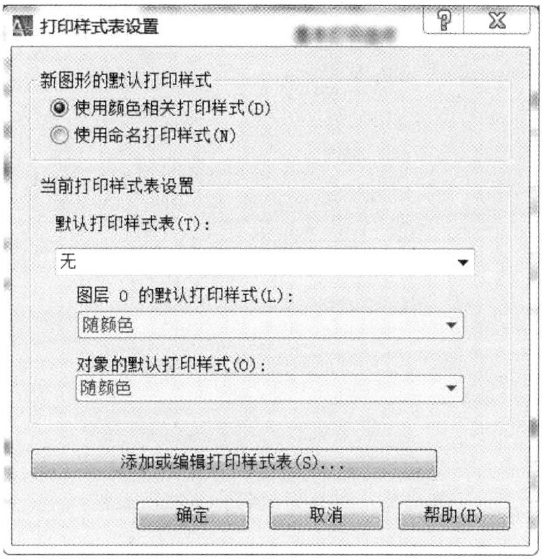

图 6.34　打印样式表设置

在 SPD 系统中如图 6.35 所示,“用作默认输出设备”选择虚拟打印机。在“打印样式表设置”中选取“monochrome. ctb”,然后选取“添加或编辑打印样式表”按钮,如图 6.36 所示,选取“确定”按钮,如图 6.37 所示,双击“monochrome. ctb”文件,系统打开“打印样式表编辑器”如图 6.38 所示,在“格式视图”页中选取“打印样式”图纸中不同颜色的线型的输出“特性”,线型的“线宽”,再选取“保存并关闭”按钮。

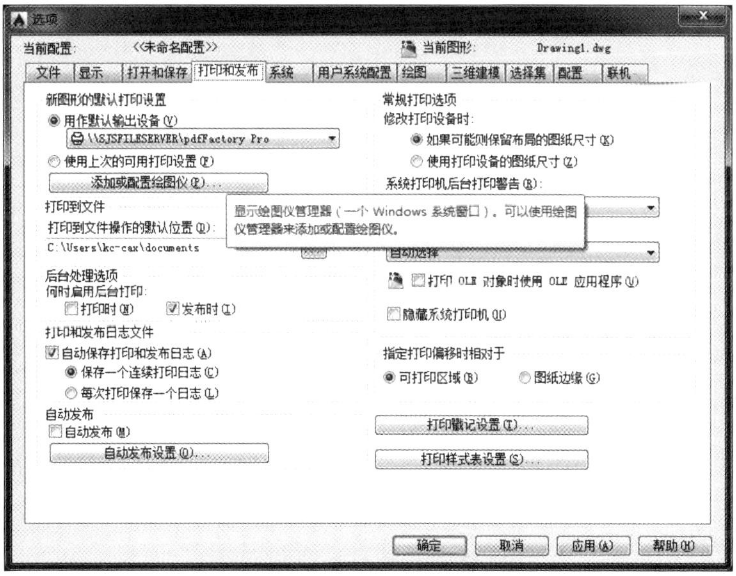

图 6.35　SPD 系统打印机配置

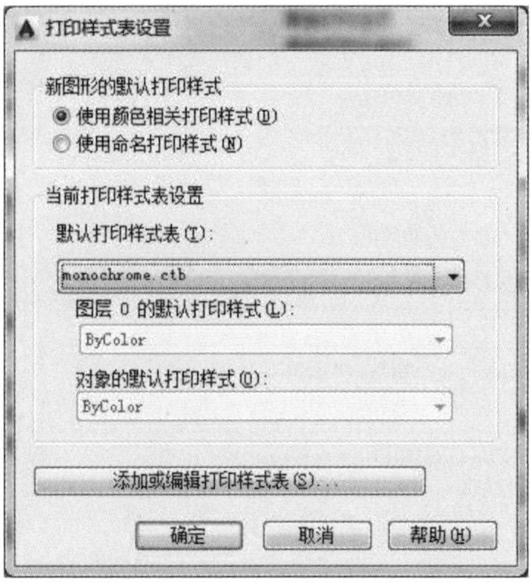

图 6.36　SPD 系统打印样式表设置

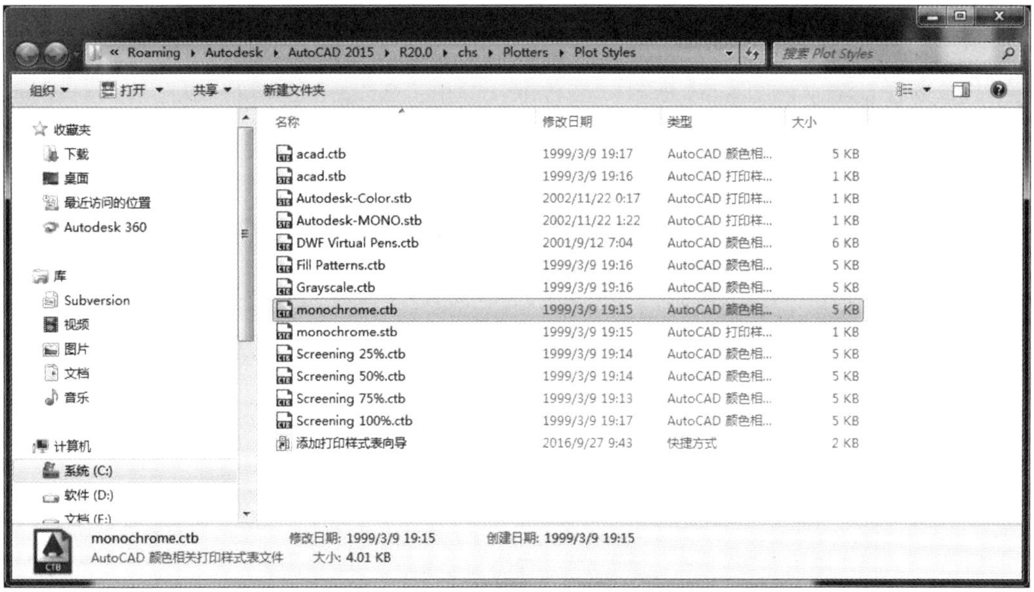

图 6.37　选取“monochrome.ctb”打印样式表设置文件

通常在打印式样表编辑器中，选择“格式视图”管理页，选择除颜色 255 的所有颜色，在特性内设定颜色为“黑色”、线宽为“0.15 毫米”。

“系统”管理页设置如图 6.39 所示。该管理页中用户主要操作的是“布局重生成选项”设置。

在对系统设置完成后，SPD 系统中需要对设置进行保存，其操作方法是在 AutoCAD 界面上，按“保存(Ctrl+S)”按钮，系统打开如图 6.40 所示“图形另存为”对话框，在此对话框内“文件类型”中选择“AutoCAD 图形样板(*.dwt)”，然后在列表框中选择“acadiso.dwt”文件，最后按“保存”。

图 6.38　打印样式表编辑器

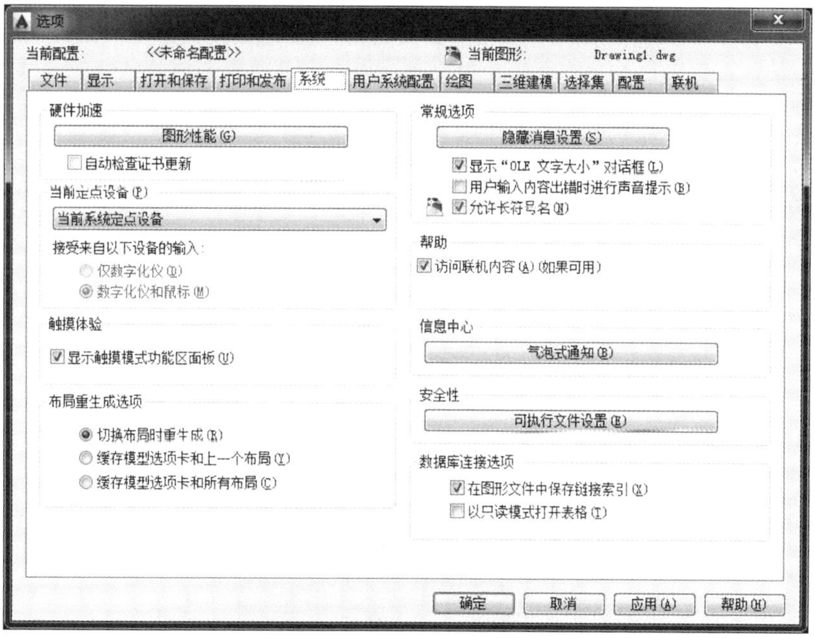

图 6.39　布局重生成选项设置

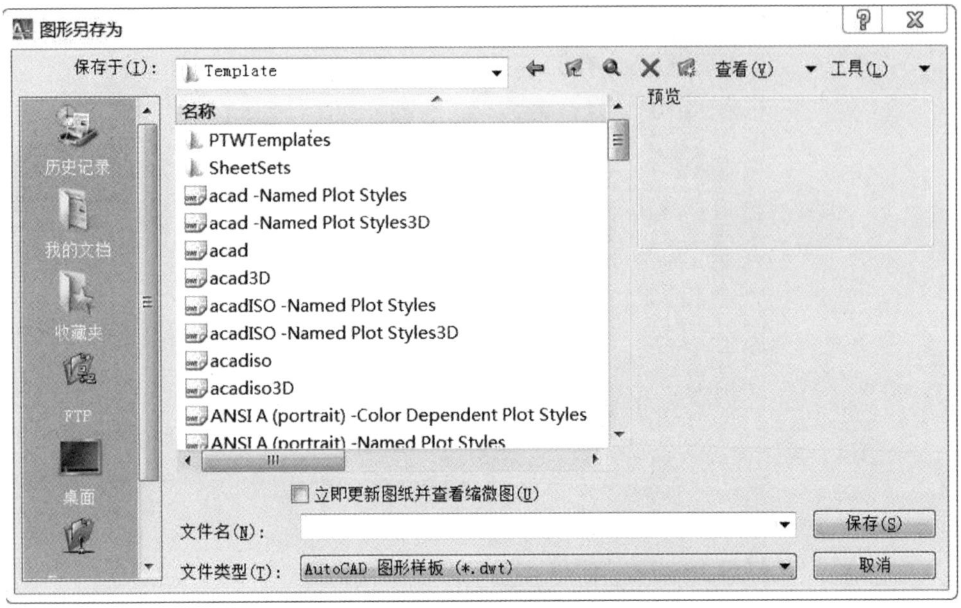

图 6.40　保存系统输出配置样板文件

第 7 章　SPD 系统的文件解锁与下载

在 SPD 系统中，为了保证设计的工程文件的安全性，可以对设计的工程文件设置文件锁，以避免不具有职能授权用户随意打开或更改授权用户设计的工程文件，造成工程设计过程中设计信息的混乱。同时，为了在系统中将授权用户设计的工程文档下载到本地，输出已设计完工的工程文件，系统中设置了文件的下载功能。

7.1　SPD 系统文件解锁

在 SPD 系统的主控界面中启动"工具"中的"文件解锁"，可以对 SPD 系统中的工程"文件锁""文件独占锁""对象锁""打开的文件"进行查看，进行强制解锁或关闭处理。

启动本程序后，显示如图 7.1 所示的对话框，首先，按"选择网络工程"选择一个工程，然后再选取各个"查询"按钮进行查询，如果查询后没有相关锁或打开的文件，则会显示一个报告对话框，否则会将查询到的相关信息显示在列表中。各种查询结果的列表中的列名都是不同的，如图 7.2 所示。

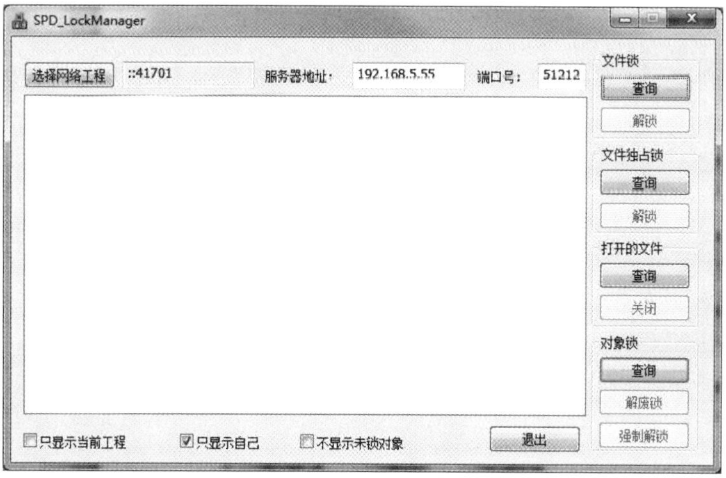

图 7.1　文件锁查询

在系统中"文件独占锁"列表、"打开的文件"列表和"对象锁"列表如图 7.3~图 7.5 所示。

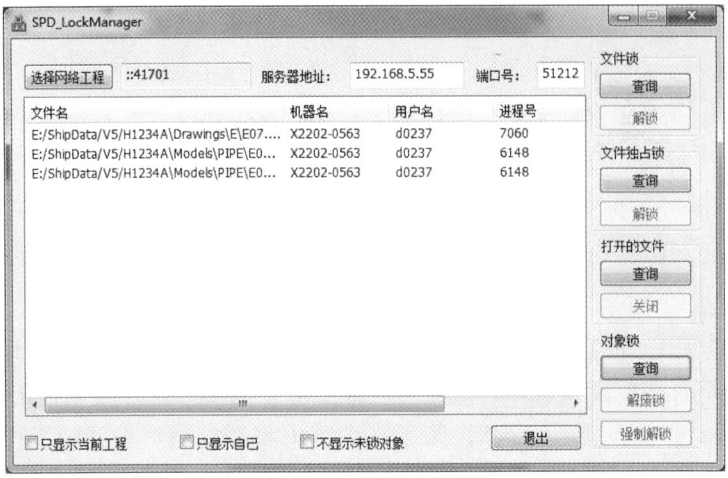

图 7.2　报告对话框

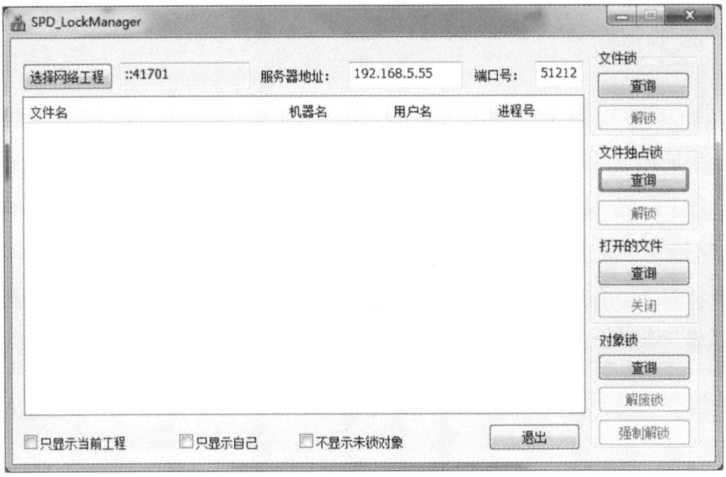

图 7.3　独占锁列表

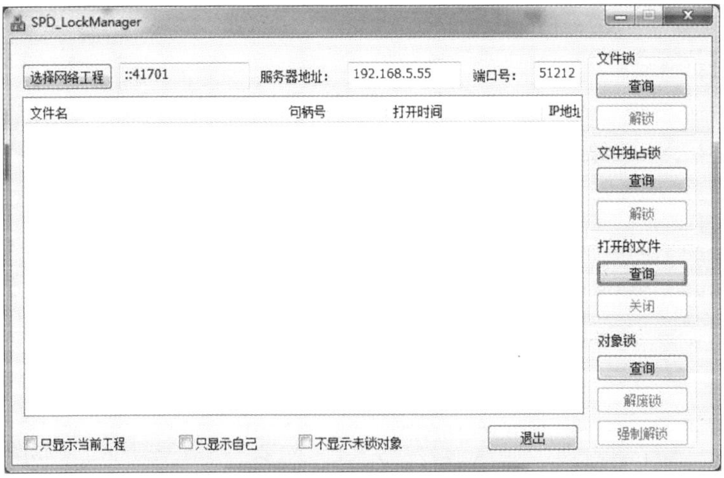

图 7.4　打开的文件列表

图 7.5　对象锁列表

在各种列表中,都可以通过设置"只显示当前工程"进行筛选(也就是说,通过"查询"按钮查询到的是整个 SPD 文件系统中的信息,不是只有选择的工程的信息,只有通过选择了"只显示自己"选项,才能筛选要显示的授权用户自己设计的工程文档的内容)。对于对象锁,还可以通过设置"不显示解锁对象"进行筛选。

列表中的"文件名"为服务器上的文件路径名,"机器名"和"用户名"为加锁者的机器名和用户名,"进程号"为加锁时的进程号,"句柄号"为服务器上打开着的文件的句柄号,"IP 地址"为打开文件者的 IP 地址。对于显示着的列表内容,可以对其进行筛选和排序。

通过选取"列表标题",则可以对该列进行排序,再选取一次则是倒序排列。

一般,"文件锁"列表中的文件都是正在处理的文件,如果出现异常死机,同时需要在别的机器上或别人继续处理该文件时,则必须在发生死机的机器上由本人进行解锁。选择要解锁的文件后按"解锁"按钮即可。正常情况下,结束处理后其所加的文件锁会自动解锁。

而"文件独占锁"一般是正在保存的索引文件,如果在保存过程中出现了死机,则还是必须在发生死机的机器上由本人进行解锁。如果保存过程正常结束,则文件独占锁会自动解锁。

"打开的文件"一般是正在上传的 SPD 系统文件,如果上传过程中出现了死机,则必须通过本程序将其关闭,否则会导致他人对其无法修改或删除。如果上传过程正常结束,则打开的文件会自动关闭。可以关闭任意其他用户打开着的文件。

"对象锁"是打开图册设置锁定对象后产生的。只要正常关闭图册,则该对象锁会自动解锁,从而变成"解锁"状态。如果出现了死机,则该对象锁不会变成解锁状态,并且对于加锁者本人,会查询到该对象锁的状态是"废锁",而对于其他人,会查询到该对象锁的状态是"加锁"。也就是说,当对象锁的状态是"加锁"时,表示该对象锁正在使用(使用者可以是其他用户或用户本人),或者是其他用户已经死机的对象锁。同样地,对象锁也只能解除用户本人自己的,所以只有废锁是可以被解锁的,因此解除对象锁只需选取“解废锁”按钮即可解除所有废锁而无须从列表中选择。如果操作者拥有系统管理员权限,则选择“强制解锁”按钮会点亮,选择要强制解锁的“已锁”行后,选“强制解锁”按钮,则会将这些锁强制解锁。一般,只有当确定已锁对象实际上并没有用户使用时(是由于其他用户死机后未重新打开图册造成的),才能使用“强制解锁”,否则如果将其他用户正在使用的锁强制解除则会出现数据异常。

7.2 文件下载

在 SPD 系统主控界面中,启动 “工具”中的“文件下载”,可以将 SPD 中的文件下载到本地目录中,如图 7.6 所示。

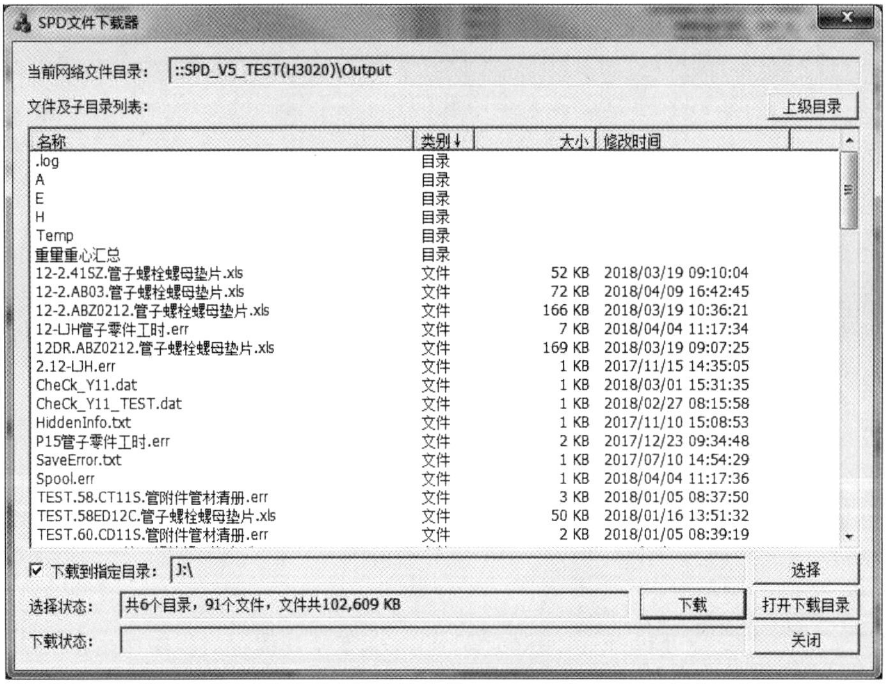

图 7.6 SPD 文件下载器

启动本程序后,在对话框中选取“文件及子目录列表”中的目录或文件,当用户选中并双击一个子目录时,则“当前网络文件目录”被重置为该目录,文件列表被刷新为该目录中的文件及子目录。如果想转到其他目录中,则可以选“上级目录”,回退到所要转的目录的某级父目录中,然后再逐级选择子目录就可以进入想要的目录了。

列表中显示了该目录中所有文件或子目录的“名称”“类别”“大小”和“修改时间”。当需要对文件进行排序时,选择要排序的项目用“↓”或“↑”分别进行向下或向上排序。

如果想重新排序列表内容,则可以选取要排序项目的标题,再选取点击一次则可以反向排序。

在“选择状态”中显示了当前选中的目录和文件个数以及其中文件的总大小,如果还没有选择文件或目录,则显示当前目录中所有文件和子目录的个数以及文件的总大小(不包含子目录)。

可以选择多个文件和/或目录,按“下载”按钮则执行下载操作;按“关闭”按钮则可以结束本程序。

一般情况下,文件被下载到系统指定的本地映射目录中,如果想查看下载的文件而又不知道本地映射目录,则可以按“打开下载目录”启动资源管理器进入该目录中。

如果要下载到其他目录中,则可以勾选“下载到指定目录”后,按“选择”按钮,选择要下载到的本地目录,最后按“下载”按钮即可。文件将被直接下载到指定目录中,下载过程中,该 SPD 文件对应的本地映射文件不受影响。另外,此时也可以按“打开下载目录”启动资源管理器,进入该本地目录中。

由于军工单位为了加强保密,不允许将 SPD 文件下载到本地,所以本程序对有保密要求的单位是不允许使用的,在该情况下,本程序无法使用。

第 8 章　SPD 系统的日志管理

SPD 系统的日志全面记录了用户对于 SPD 系统的系统库(SPD_DATA_V5)和工程库的各种操作,包括权限验证、菜单功能、系统登录、工程操作、权限分配、设计业务六个方面。

日志查询模块对于系统管理员(Sysadmin)、安全保密员(Secadmin)、安全审计员(Audit)等不同用户提供相应权限的查询功能。

8.1　用户角色

SPD 系统中,根据权限划分有七种角色,分别是:系统管理员、安全保密员、安全审计员、系统数据管理员、工程数据管理员、设计员、小样建模员。其中前三种为保密规定中的三员,主要负责人员管理、权限分配及审核、日志审核等任务,后四种为设计业务员,主要负责绘图、建模、出表等生产设计任务。

保密三员和业务员各有不同的权限,在日志管理模块中体现为允许浏览不同数据库和数据表等。

8.1.1　数据库和数据表

数据库分系统数据库和工程数据库,SPD_DATA 为 SPD 的系统数据库,存储独立于具体工程的信息;工程数据库存储仅与本工程相关的数据。

每个数据库最多有六张表:

(1)权限验证日志表(SPDT_G_LOG_ACCESS) 用以记录验证成功与失败日志。

(2)菜单功能日志表(SPDT_G_LOG_FUNCTION) 用以记录菜单和工具栏的操作。

(3)系统登录日志表(SPDT_G_LOG_LOGIN) 用以记录登录 SPD 系统的操作。

(4)工程操作日志表(SPDT_G_LOG_PROJECT) 用以记录工程打开和关闭的操作。

(5)权限分配日志表(SPDT_G_LOG_RIGHT) 用以记录权限分配操作日志。

(6)设计业务日志表(SPDT_G_LOG_USER) 用以记录小样数据、标准数据、原理数据、模型数据的增删改;图纸、表册的输出;数据的上传下载。

8.1.2　用户角色的查询权限

(1)系统管理员

负责系统的升级和维护、创建用户、查看系统日志。因此在日志管理模块中,只能查看系统数据库的系统登录日志表。

(2)安全保密员

负责对创建的用户进行权限分配、安全策略的配置、查看用户操作日志。因此在日志管理模块中,只能查看业务员在系统数据库和各工程数据库的工程操作日志表、菜单功能日志表、设计业务日志表中产生的日志。

(3)安全审计员

负责审计系统管理员和安全保密员的操作日志。因此在日志管理模块中,只能查看系统管理员和安全保密员在系统数据库和各工程数据库的权限分配日志表、设计业务日志表中产生的日志。

(4)业务员

只能查看各工程数据库的工程操作日志表、菜单功能日志表、设计业务日志表。

8.2　SPD 系统日志管理界面

在 SPD 系统目录下,执行 SPDLogBrowser. exe,即可启动日志查询程序主界面,如图 8.1 所示。

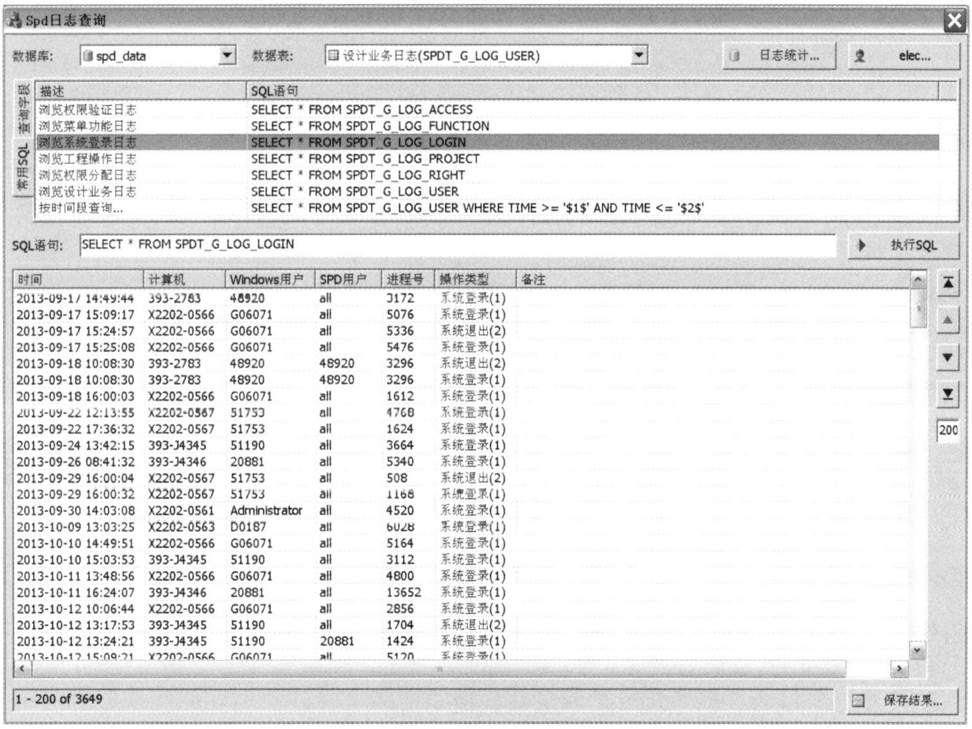

图 8.1　SPD 日志查询

8.2.1 SPD 系统日志查询用户登录

因为不同角色用户的权限各不相同,所以主界面上的各种查询选项也会各不相同。系统管理员允许查看 SPD 系统的系统库的系统登录日志,安全保密员允许查看 SPD 系统的业务员系统库和各工程数据库的工程操作、菜单功能、设计业务日志,安全审计员允许查看 SPD 系统的系统管理员和安全保密员系统库和各工程数据库的权限分配、设计业务日志。

模块启动后,默认以当前的 SPD 系统登录用户为当前用户,当前用户名显示在主界面右上角的"切换用户"按钮上,如图 8.2 所示。选取"切换用户"按钮,弹出"切换用户"对话框;选择需要切换为当前的用户,并输入该用户的登录密码,如果密码正确,则在密码输入编辑框后,密码输入编辑框的后面会显示标志"V",如果密码不正确,则显示标志"X",如图 8.3 所示,并且"确定"按钮不可用。当输入正确后,选择"确定"按钮。

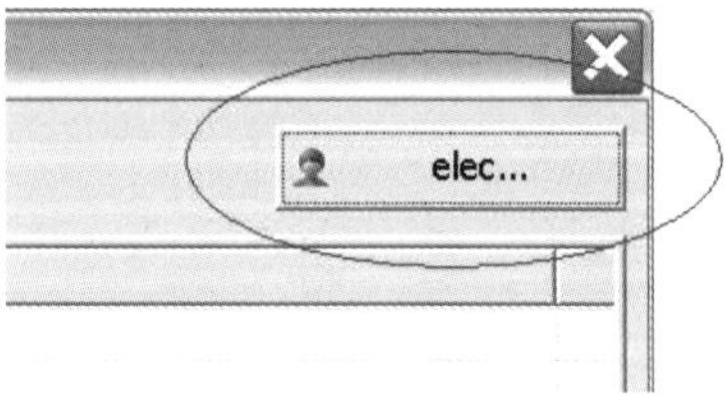

图 8.2 "切换用户"按钮

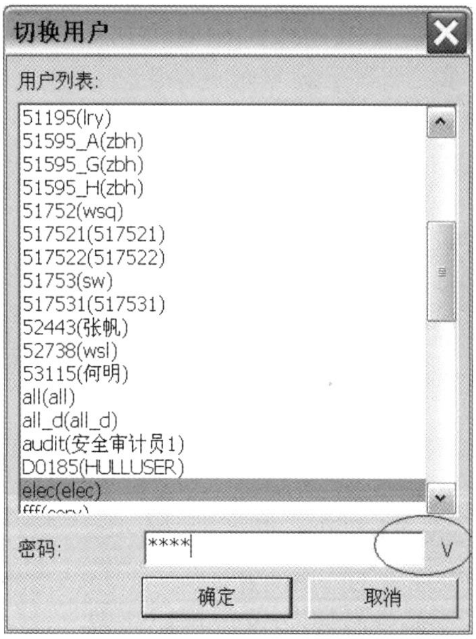

图 8.3 "切换用户"对话框

8.2.2 SPD 系统日志统计

SPD 系统的日志记录累积过多会导致数据库性能下降和数据库服务器的磁盘空闲空间减少,因此要定期清理过期日志记录。

选取"日志统计"按钮,如图 8.4 所示,可以查看 SPD 系统的日志使用情况,清理过期日志。在弹出的"日志统计"对话框中,列出所有工程的日志记录数量以及占用比例(通常以 20 000 000 万条为标准,接近或超过 20 000 000 万条以三个星号提示、超过 90%以两个星号提示、超过 70%以一个星号提示),如图 8.5 所示。

图 8.4 “日志统计”按钮

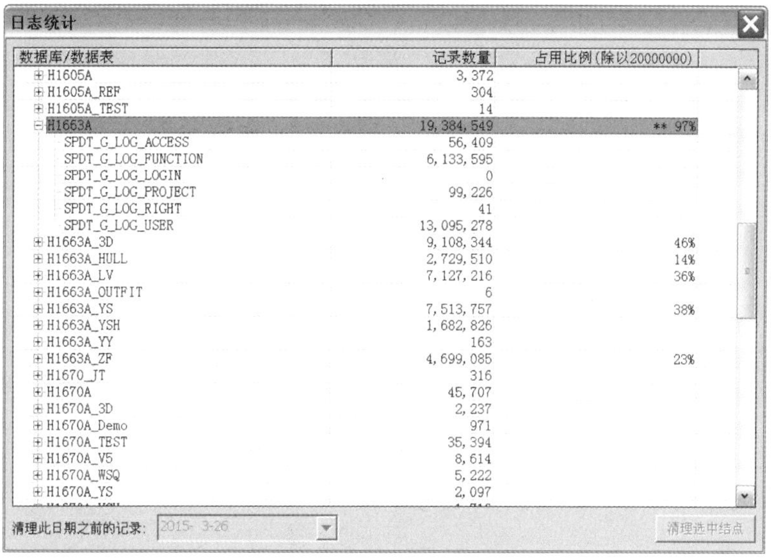

图 8.5 “日志统计”对话框

“清理选中结点”按钮为日志清理功能,仅系统管理员、安全保密员、安全审计员可使用,可以指定清理某个日期之前的日志,缺省为 180 天前。

8.3 SPD 系统日志管理的设定和执行查询

SPD 系统对日志的管理通过对存放在系统中数据库中的各类库及其表进行查询。

8.3.1 SPD 系统日志管理中的工程和查询范围

SPD 日志存放在系统库或工程库的相应数据表中,因此查询之前,首先要指定相应的工程(数据库)和查询范围(数据表),如图 8.6 所示。

数据库组合框中,“SPD_DATA”为 SPD 系统数据库,其他项为各工程数据库,如图 8.7 所示。

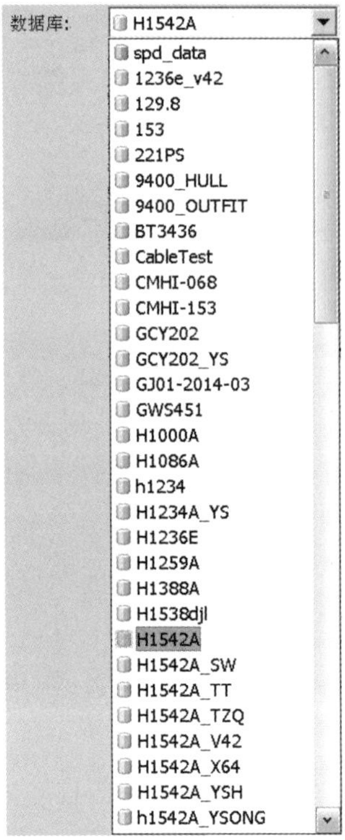

图 8.6 “数据库”组合框

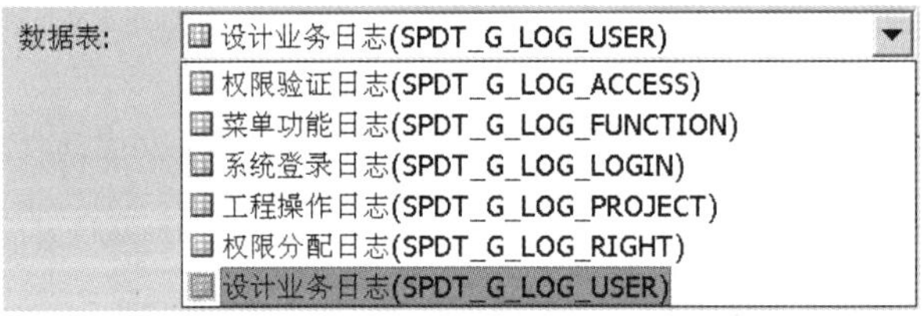

图 8.7 “数据表”组合框

数据表组合框中,根据数据库组合框和当前用户权限,列出允许查询的数据表,不同权限的用户列出的数据库及数据表都不相同。

8.3.2 查询选项

“查询选项”分两页,分别是查询字段和常用 SQL。

查询字段列表框,用于指定需要查询的字段,用鼠标选取列表单元格,会出现不同的编辑控件,输入或选择查询字段值,如图 8.8 所示。

不同的数据表会出现不同的查询字段,如图 8.9 所示。

查询字段输入完成后,会自动生成相应 SQL 查询语句,点击“执行 SQL”按钮即可,如图 8.10 所示。

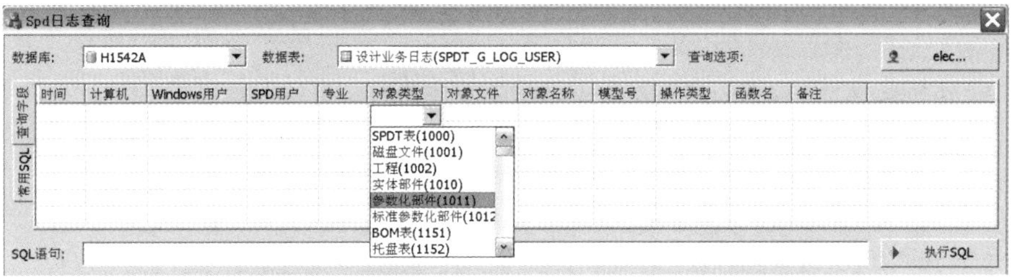

图 8.8 查询字段列表框

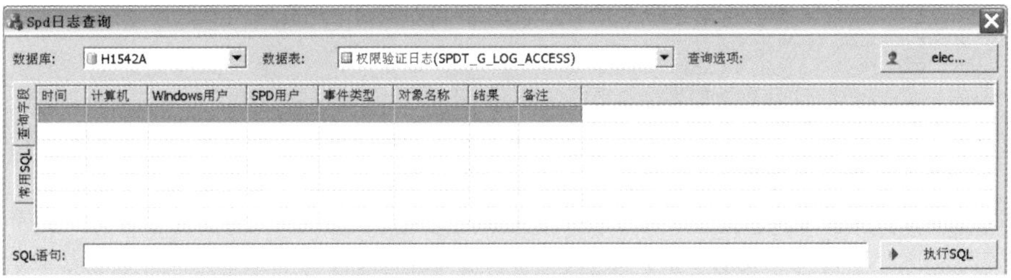

图 8.9 数据表字段查询

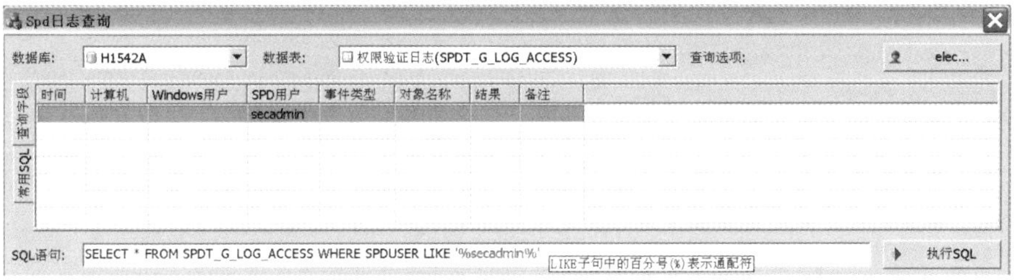

图 8.10 自动生成的 SQL 查询语句

8.3.3 SPD 系统日志管理常用 SQL 命令

一些经常使用的查询语句，会列在“常用 SQL”列表框中，选择相应的常用查询语句，可以方便地生成查询语句，如图 8.11 所示。

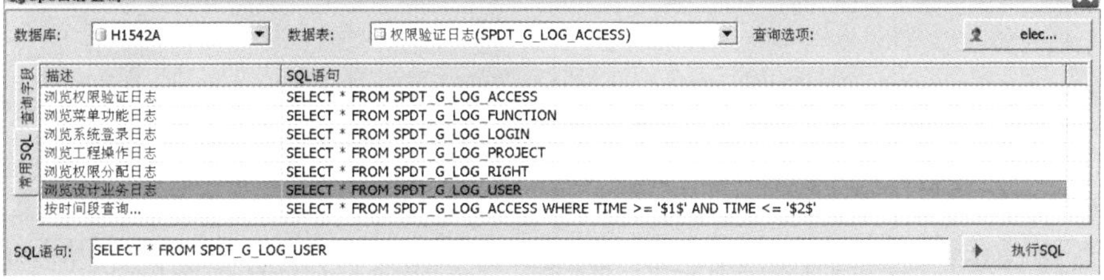

图 8.11 常用 SQL 命令

其“常用查询”如按按时间段查询、按电气设备编号查询等，其列表框如图 8.12～图 8.15 所示。这里值得注意是：对于不同权限的用户，可选择的常用查询语句各不相同，比如对于电气专业设计员，会出现“按电气设备编号查询…”的常用查询语句。

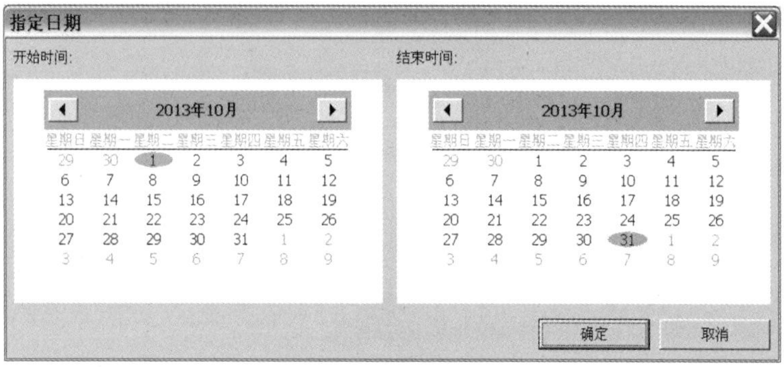

图 8.12　按时间段查询

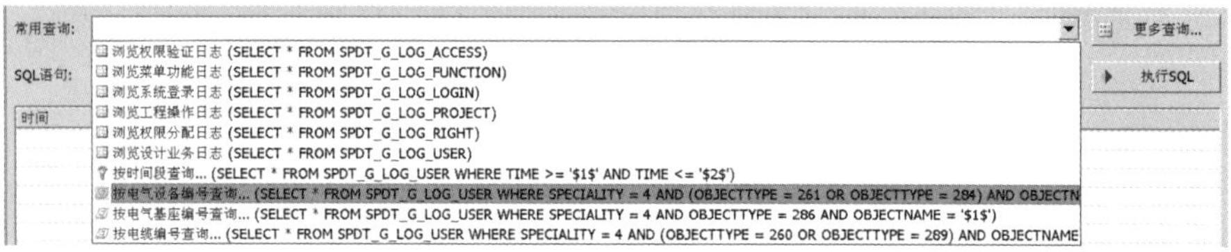

图 8.13　不同权限用户常用查询语句各不相同

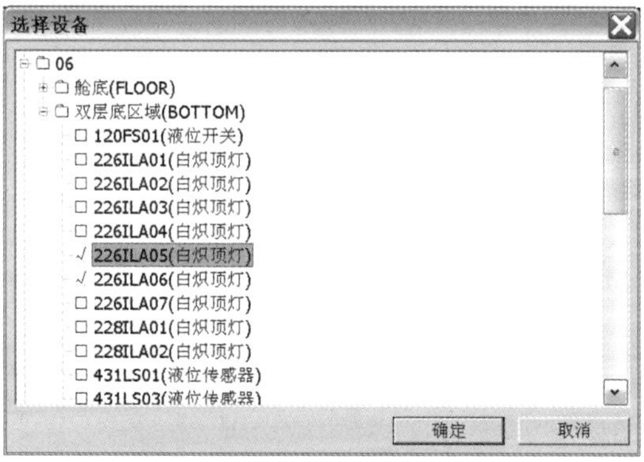

图 8.14　按电气设备编号查询

8.3.4　SPD 系统日志管理查询命令的定义

在 SPD 系统的日志管理维护中，无论是通过输入“查询选项”指定查询字段，还是通过“常用 SQL”，最终都首先生成 SQL 查询语句，然后执行 SQL 查询语句得到查询结果。如果用户会使用 SQL 语言，可以在“SQL 语句”编辑框中自定义 SQL 查询语句，执行特定需求的 SQL 查询语句，如图 8.16 所示。

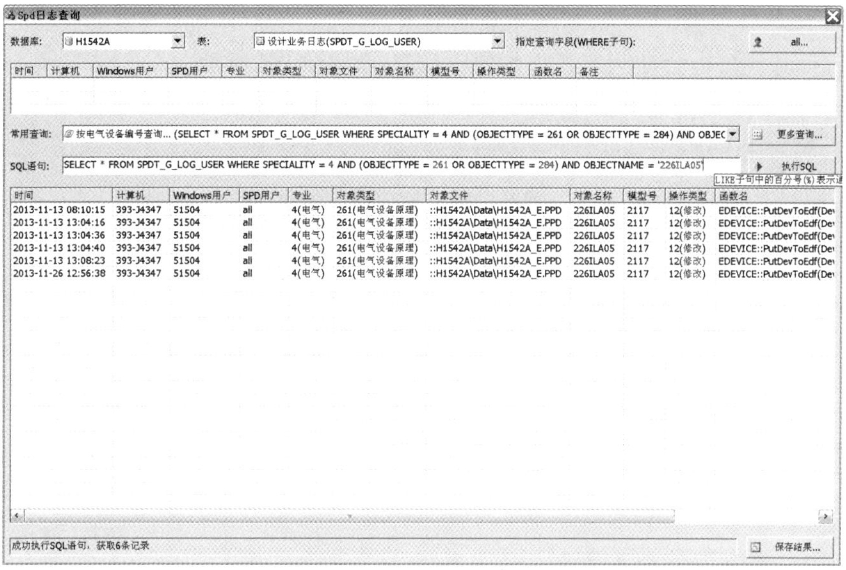

图 8.15　按电气设备编号的查询结果

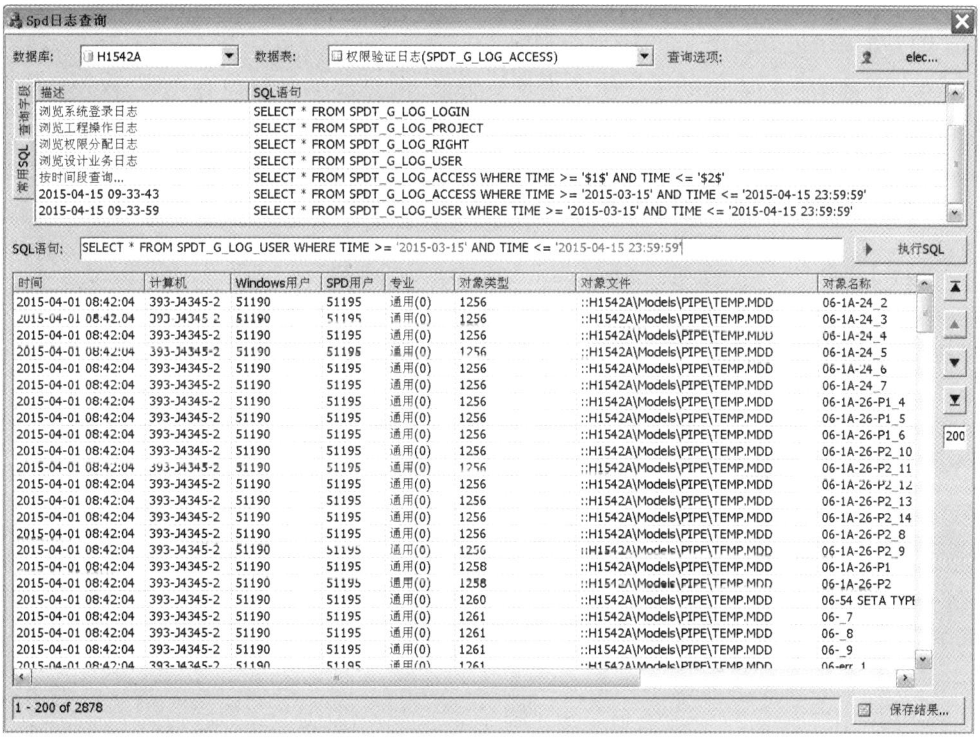

图 8.16　SPD 系统日志查询语句对话框

8.3.5　SPD 系统日志查询的执行命令

在 SPD 系统日志查询的工程、查询范围、查询字段等设定完成后，选取“执行查询”按钮，即执行相应 SQL 语句。

如果 SQL 语句执行成功，则返回查询结果，并在主界面最下面的状态栏提示成功信息；如果查询失败，也会在状态栏提示错误信息，如图 8.17 所示。

图 8.17　状态栏提示 SQL 查询的错误信息

8.4　SPD 系统日志管理处理查询结果

SPD 系统日志管理通过查询窗口的查询选项和查询 SQL 语句，寻找到不同权限管理用户的查询结果，用户需根据需要，对查询的结果进行排序或将查询结果的记录进行保存。

8.4.1　查看查询记录

查询语句成功执行后，查询结果以报表形式显示在查询结果列表框中，单击列表标题栏可以对记录进行排序。

单击查询结果列表框的单元格会出现编辑框，但修改单元格内容无效，仅用于复制单元格内容，如图 8.18 所示。

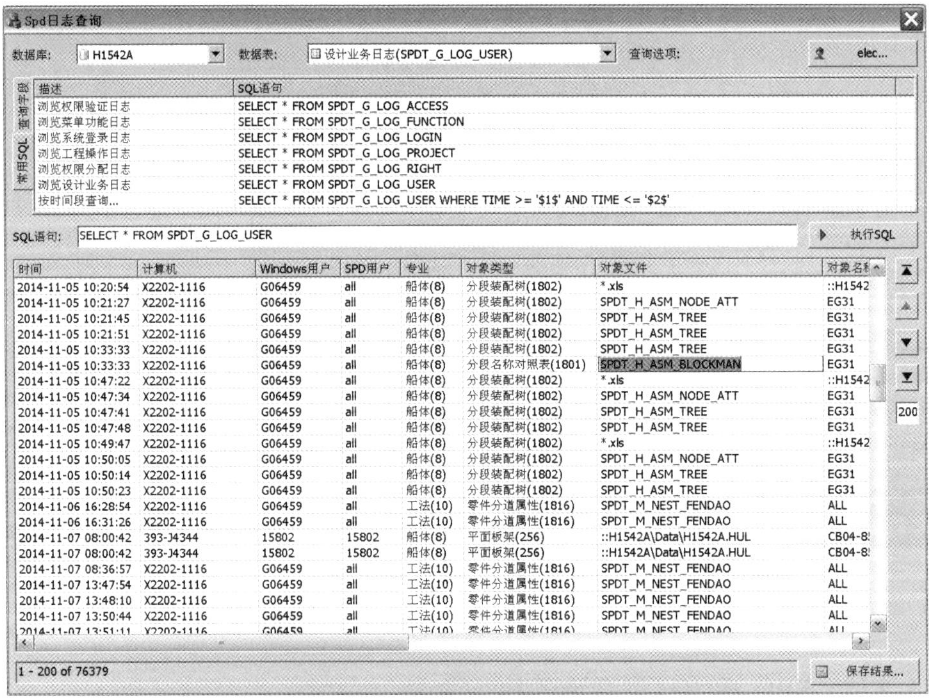

图 8.18　在 SPD 日志查询对话框中复制单元格内容

8.4.2 保存查询记录

查询命令和查询结果可以输出为文本、EXCEL、CSV 格式的文件,以方便用户使用第三方工具进行日志数据分析。

点击右下角的"保存结果"按钮,弹出保存文件对话框,输入文件名并确定即可,如图 8.19 所示。

图 8.19 保存日志查询结果

第 9 章　SPD 系统的索引文件管理

SPD 系统借助于关系数据库，对海量的船舶与海工项目设计工程数据进行管理。在关系数据库中，索引是一种单独的、物理的对数据库表中一列或多列的值进行排序的一种存储结构，是为了加速对表中数据行的检索而创建的。它是由数据页面以外的索引页面组成的，每个索引页面中的行都会含有逻辑指针，以便加速检索物理数据。它是某个表中一列或若干列值的集合和相应的指向表中物理标识这些值的数据页的逻辑指针清单。索引的作用相当于图书的目录，可以根据目录中的页码快速找到所需的内容。

索引提供指向存储在表的指定列中的数据值的指针，然后根据指定的排序顺序对这些指针排序。数据库使用索引以找到特定值，然后顺指针找到包含该值的行。这样可以使对应于表的 SQL 语句执行得更快，可快速访问数据库表中的特定信息。

在数据库系统中建立索引主要有以下作用：

(1) 快速提取数据；

(2) 保证数据记录的唯一性；

(3) 实现表与表之间的参照完整性；

(4) 在使用 ORDER by、group by 子句进行数据检索时，利用索引可以减少排序和分组的时间。

当表中有大量记录时，若要对表进行查询，第一种搜索信息方式是全表搜索，是将所有记录一一取出，和查询条件进行一一对比，然后返回满足条件的记录，这样做会消耗大量数据库系统时间，并造成大量磁盘 I/O 操作；第二种就是在表中建立索引，然后在索引中找到符合查询条件的索引值，最后通过保存在索引中的 ROWID（相当于页码）快速找到表中对应的记录。

9.1　清除图册密码

在 SPD 系统的主控界面中启动“工具”中的“密码清除”，可以清除忘记密码的图册中的密码，使其成为无密码图册。该程序必须具有系统管理员权限的人员才能执行。

启动本程序后，会进入 SPD 系统的“SPD 文件选择”对话框，选择一个图册后，执行清除处理，处理结束后会报告处理结果。有以下六种处理结果信息：

(1)“只能处理图册文件!”：选择了非图册文件时的报错信息。

(2)“无法打开图册文件!”：打开所选图册文件时失败的报错信息。

(3)“无法锁定图册文件!”：锁定所选的有密码的图册文件时失败的报错信息。

(4)“无法修改图册文件!”：保存所选的有密码的图册文件时失败的报错信息。

(5)“密码清除成功!”:成功清除了密码的信息。

(6)“密码已经为空,无须清除!”:所选图册本就无密码的信息。

9.2　索引文件整理

在 SPD 系统的主控界面中启动“通用”中的“索引整理”,可以对索引文件进行整理,清除已经被删除或更新了的记录,使索引文件中没有可回退的数据,从而使文件大小变小。

整理索引文件的执行程序是 IndexFileCompress. exe,有二种操作方法:一种是直接在主控界面上来整理索引文件;另一种是通过操作系统(XP)的任务计划来定时整理索引文件。整理结束后,会产生日志文件 IndexFileCompress. log 记录整理的信息,该文件放在和 IndexFileCompress. exe 程序同一目录下。

启动本程序后,会进入“SPD 文件选择”对话框,此时,可以选择一个文件或者一个目录,如果选择了一个文件,则系统会对所选文件进行整理,整理完后会显示一个如下的整理结果对话框,如图 9. 1 所示。

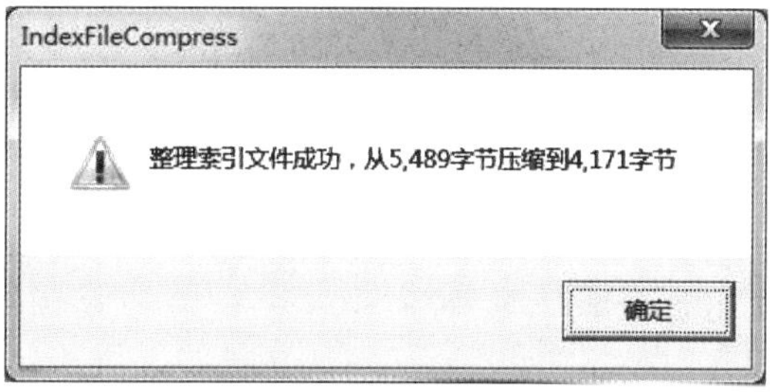

图 9. 1　整理结果对话框

在整理结果对话框上选择“确定”将结束本程序。如果选择了一个目录,则系统会立即显示一个如图 9. 2 所示的整理进度对话框。

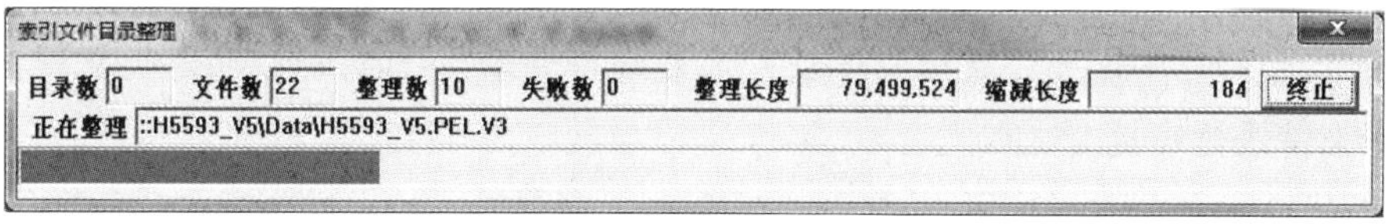

图 9. 2　整理进度对话框

当所有文件都整理结束后,系统会显示如图 9. 3 所示的整理结果对话框。

此时,选取“确定”按钮,将结束本程序。

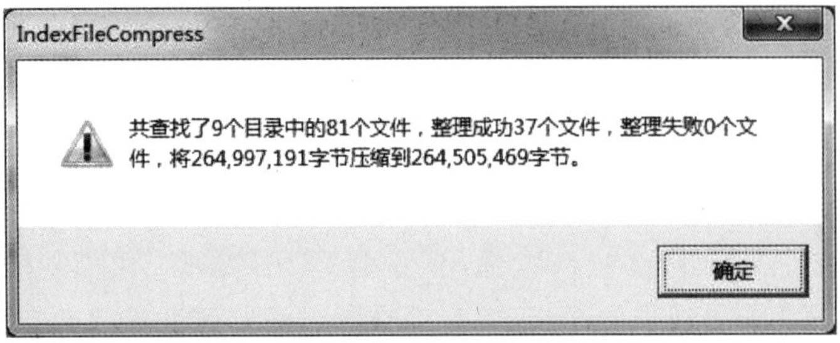

图 9.3　文件整理结束后整理结果对话框

本程序还支持命令行直接启动,在 command 命令窗口或者 bat 文件中输入如下格式的命令,则可以直接进行整理:

{本程序所在目录}\IndexFileCompress{要整理的文件或目录名} {/NoMessageBox}

其中,如果设置了“NoMessageBox”可选项,则在整理结束后不会显示整理结果对话框而是直接结束程序。

实例:E:\EFCSD-R\IndexFileCompress.exe/nomessagebox E:\SHIPDATA\H1310A

工程数据应该放在服务器上,而且应该有一个工程总目录(如:“E:\SHIPDATA”),所以整理索引文件只要对 SHIPDATA 目录整理即可。

SPD 系统在对目录进行整理时,还会生成一个 log 文件,文件名是“IndexFileCompress.log”,存放在与本程序同一个目录中。每次目录整理后,该 log 文件中就会添加如下所示内容:

“自{日期}{时间}开始整理...

整理目录{目录名}

共查找了{目录数}个目录中的{文件数}个文件,整理成功{成功文件数}个文件,整理失败{失败文件数}个文件,将{原始自己数}字节压缩到{整理后字节数}字节。

至{日期}{时间}整理结束。”

如果整理中有整理失败的文件,则会在“整理目录”行后面添加一行整理失败信息,其中包含了整理失败的文件名,方便查看。

所以,整理后一定要查看该 log 文件,当发现有整理失败时,可以用索引文件诊断程序对该文件进行修复。

9.3　SPD 系统的索引文件诊断

在 SPD 系统的主控界面中启动“通用”中的“索引诊断”,可以诊断索引文件是否正常,或者有什么错误信息。该功能用于检查受损索引文件的具体错误情况,并且可以进行一些必要的操作修复这些错误。该功能只能诊断索引文件结构上的错误,不能诊断记录数据中的错误,索引文件诊断对话框如图 9.4 所示。

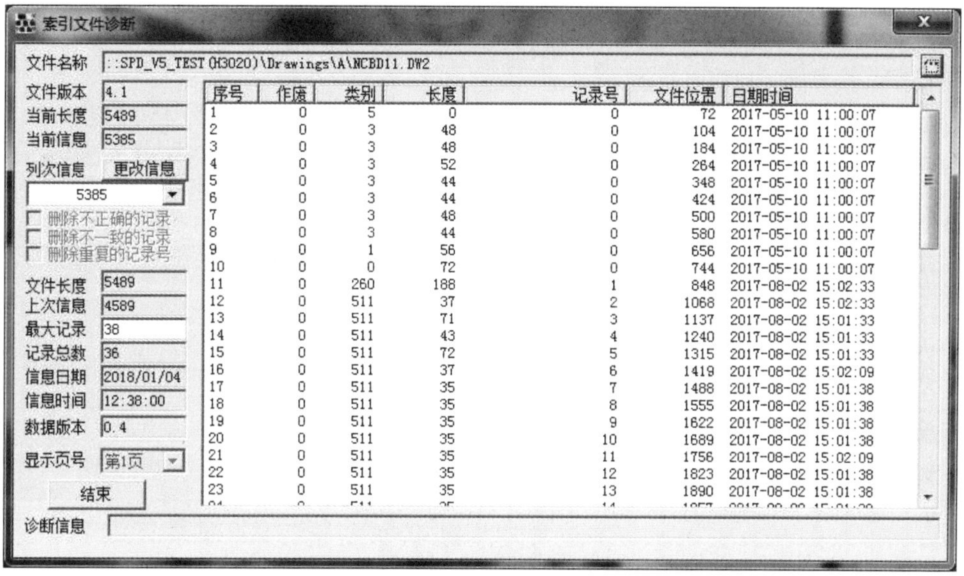

图 9.4　索引文件诊断对话框

启动该程序后,显示如上的对话框,首先,选取“…”按钮,进入“SPD 文件选择”对话框,选择要诊断的索引文件,则显示该文件的当前索引文件信息以及每条记录(包括已经被删除和更新的记录)的信息和诊断信息。如果“诊断信息”内容为空,则表示该索引文件结构正常,没有错误;否则会显示一些诊断后得出的错误信息。此时,可以通过从“列次信息”中选择合适的信息位置值,并且按“更改信息”按钮,将索引文件状态回退到指定信息位置值处,并且重新检查此处的错误情况,更新“诊断信息”内容。如果诊断信息中有不正确的记录和/或不一致的记录以及重复的记录号,则可以在“更改信息”前设置相应的删除选项,则可以在更改信息的同时修复相应的错误。

诊断结束,请按“结束”按钮。

注意:更改信息后,索引文件即回退到相应位置值处,此后再打开该文件会丢失最近(当前回退位置值以后)的修改,所以使用该功能必须慎重,以免丢失重要数据。

9.4　SPD 系统的索引文件管理

在 SPD 系统的主控界面中启动“通用”中的“索引管理”,可以对索引文件进行管理,如图 9.5 所示。该操作用于管理索引文件,可以创建、打开、关闭、整理、删除索引文件,并且在打开索引文件的基础上,对索引文件中的记录数据和索引内容进行查看或修改。

启动该程序后,显示如上的对话框,创建、打开、删除、整理索引文件,按下这些按钮后,会进入“SPD 文件选择”对话框,选择要处理的文件。选择好后,即进行相应的操作,如果操作失败会出现提示信息框。

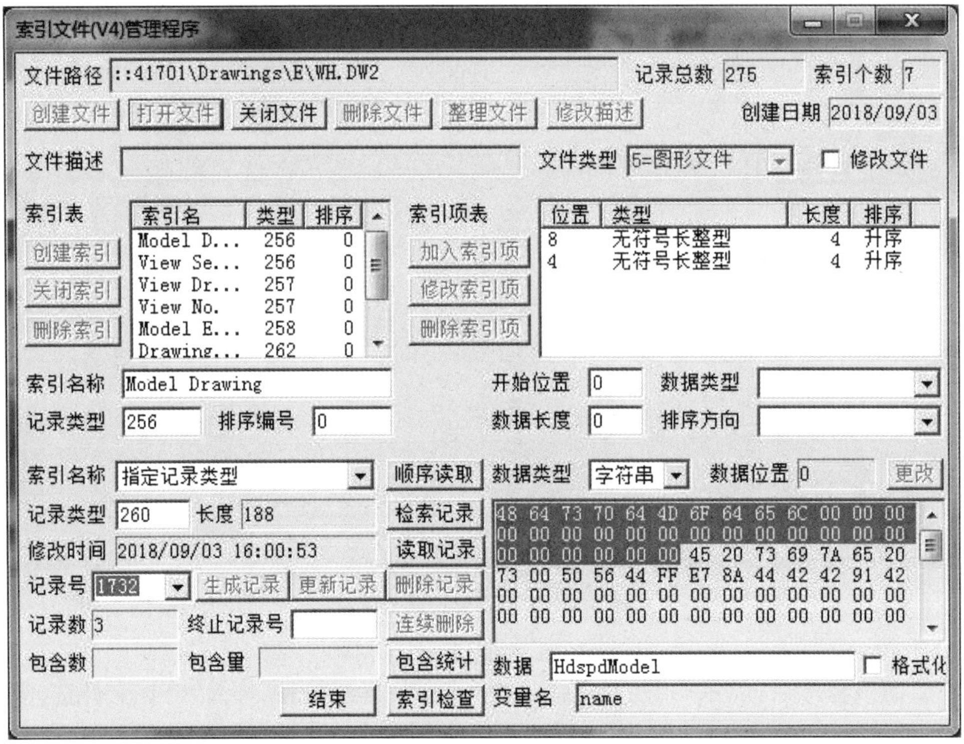

图 9.5　索引文件管理对话框

如果选取了"打开文件"按钮,并且打开成功,则进入索引文件查看、修改操作。此时,可以在"索引表"中选择要查看的索引名,查看该索引的定义数据(索引项表中会显示此索引的所有索引项);也可以在"索引名称"中选择要查看记录的索引名称,然后在"记录号"中选择要查看的记录号,则此记录的记录数据会显示在右下角的记录数据显示框中。此时还可以进行"索引检查"和"包含统计","索引检查"可以检查"索引名称"中选择的索引的索引数据是否有错误,并显示检查结果信息框;"包含统计"可以统计指定记录号(选择的记录号和终止记录号)之间的包含数(记录条数)和包含量(所有包含记录的记录长度之和)。

在打开索引文件后,还可以修改文件中索引数据和记录数据。首先,选中"修改文件"选项,然后就可以添加索引和修改记录数据了。

添加索引:首先,在"索引名称"框中,输入要添加的索引名称,再在其下输入记录类型,然后按"创建索引"按钮;随后,在其右添加若干个索引项(输入开始位置、数据类型、数据长度、排序方向后按"加入索引项");最后,按"关闭索引"就可以建立所要的索引了。当然,在添加索引项的过程中,如果输错了数据,还可以"修改索引项",或者索性"删除索引项"。在"关闭索引"后,还可以"删除索引"删除不需要的索引。

修改记录数据:首先,选择"索引名称"和"记录号",则该记录号的数据就会显示在右侧的数据显示框中;然后,在数据显示框中将光标置于要查看的数据位置处,选择"数据类型”,则会在“数据”框中显示光标位置处的数据,光标位置值显示在“数据位置”中。在数据框中可以修改数据后,按“更改”按钮获取数据,最后按“更新记录”将更改的数据保存到文件中。

对索引文件进行修改后,必须将“修改文件”选项勾掉,才能将修改结果真正保存到文件中,如果不勾掉而直接按“结束”按钮,则所作修改将丢失,不会真正保存到文件中。

数据显示框中的记录数据以二进制显示,不易看懂其中的内容,所以会在下面显示其“变量名”,一般变量名都以英文标示。如果想看整体内容,则勾中“格式化”选项,则显示格式可以改成如下对话框所显示的样子,每行显示一个数据项,数据项格式是:“{数据位置}:{数据类型}:{变量名}={数值}”,其中,“数据类型”可以是:B(二进制位)、C(字符)、S(字符串)、I(短整数)、L(长整数)、F(单精度实数)、D(双精度实数)。此时“变量名”框中将不显示任何内容,如图 9.6 所示。

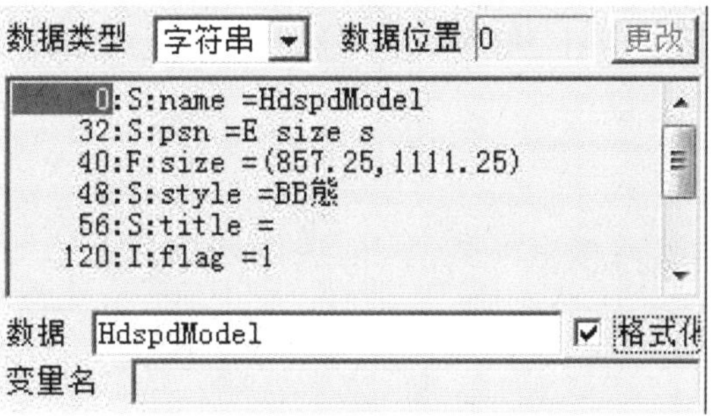

图 9.6 “变量名”框中显示的内容

后　　记

SPD系统应用工程数据库对船舶与海洋工程的工程设计进行全面系统的管理，使得船舶与海洋工程这样庞大的工程在并行或虚拟联盟的方式下得以有效推进，并由此出发，为船舶与海洋工程装备生产企业的信息化、智能化的发展与转型提供了最基础的生产与管理数据，使得企业能够在设计信息流的指导下合理地调配生产资源与资金，驱动企业的物流合理化，促进企业的生产效率提升，从而为企业创造更高的生产效益，推动企业朝着信息化与智能化的方向发展。因此，深入理解和掌握船舶数字化设计过程管理，对企业生产信息流的产生、指挥企业物流与资金流的运转、更好地挖掘与利用企业的生产基础信息大有裨益。